,L,LLサイズで編める

男女兼用のデザインニット

CONTENTS

A 幾何学模様のセーター

表目と裏目で描く、地模様のセーター。
着心地のいいゆったりしたデザインと、
白い糸のやわらかな雰囲気が魅力。

See page:P.43
Design:サイチカ
Yarn:ハマナカ ソノモノ アルパカウール

Size:Lサイズ

B ヘンリーネックのベスト

ケーブルを並べた、編むのが楽しいベスト。
そでぐりは減らさずにまっすぐ編み、
着用するとフレンチスリーブに。

See page:P.40
Design:岡本真希子　Making:鈴木裕子
Yarn:ハマナカ アランツィード

Size:Mサイズ

C イギリスゴム編みのセーター

地厚に仕上がるイギリスゴム編みのセーターは、
あたたかくて着心地も抜群。
えりのデザインは好みで選んで。

See page:P.49
Design:河合真弓　Making:松本良子
Yarn:ハマナカ アメリー

Size:左…Sサイズ　右…Mサイズ

D 2色編み込みのカーディガン

シャツやワンピースの上から、
さっと羽織りたいＹネックカーディガン。
繊細なフェアアイル模様が魅力的なデザイン。

See page:P.52
Design:風工房
Yarn:リッチモア パーセント

Size:Sサイズ

E キャップ

小さなケーブル模様がかわいいニットキャップ。
リブ部分はダブルにして内側にかがり、
かぶり心地よく仕上げて。

See page:P.58
Design:宇野千尋
Yarn:ハマナカ 純毛中細

Size:P.12…Lサイズ　P.13…Mサイズ

F チルデンベスト

ゆったりシルエットが特徴的な、流行のチルデンベスト。
シャツの上にさらりと重ねて、ラフに着こなして。

See page:P.56
Design:河合真弓　Making:沖田喜美子
Yarn:ハマナカ メンズクラブマスター

Size:Mサイズ

G バイカラーのセーター

デイリーに着たい、カジュアルなセーター。
ヨーク部分を先に編み、身ごろを編み下げる新鮮な編み方。

See page:P.59
Design:宇野千尋
Yarn:ハマナカ アメリー

Size:左…Mサイズ　右…Sサイズ

H アームウォーマー&手袋

ツィードヤーンの素朴な風合いがかわいい、
アームウォーマー＆手袋。
プレゼントにも最適なアイテム。

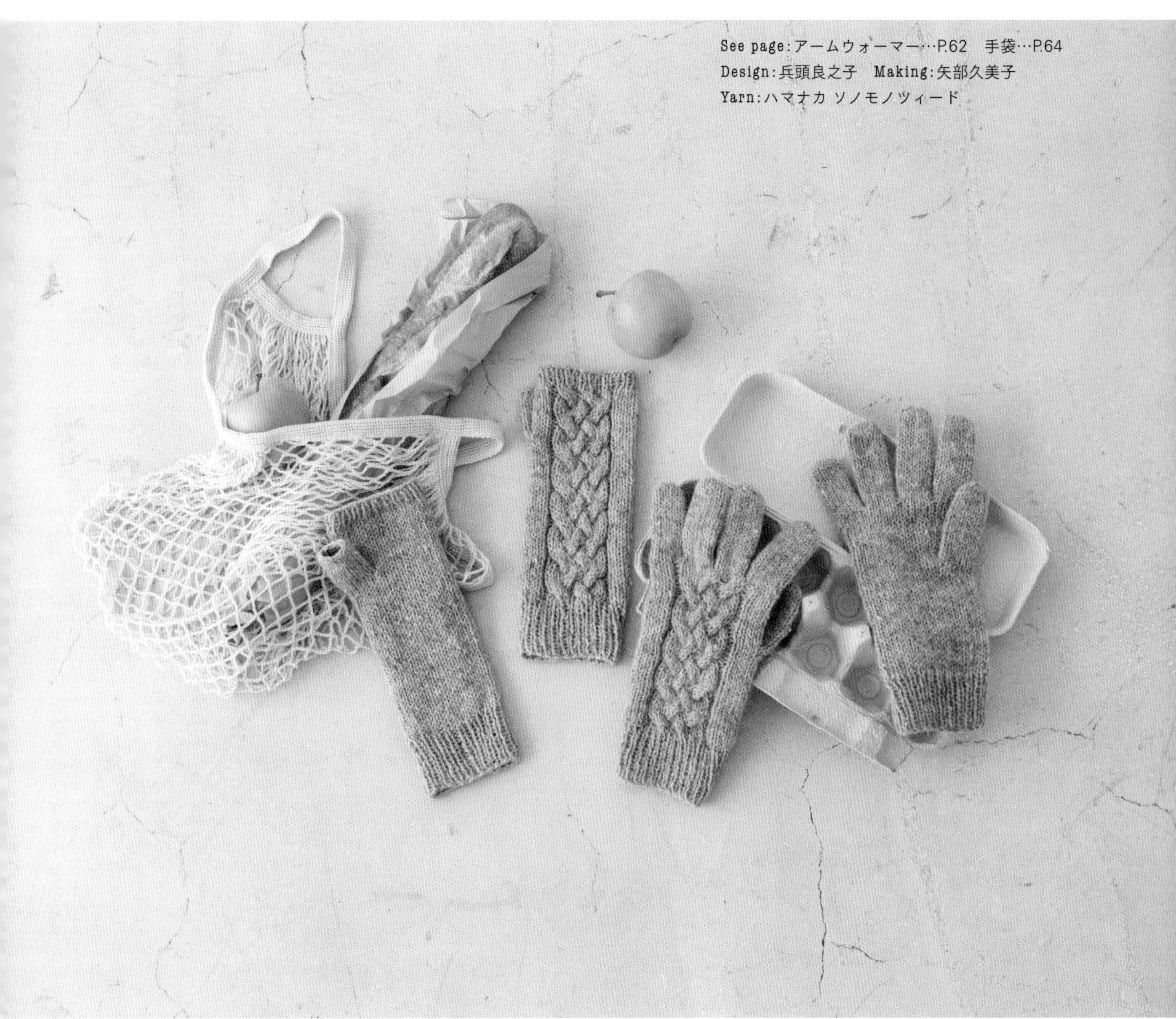

See page:アームウォーマー…P.62　手袋…P.64
Design:兵頭良之子　Making:矢部久美子
Yarn:ハマナカ ソノモノツィード

Size:アームウォーマー…Mサイズ　手袋…Lサイズ

I アラン模様のカーディガン

永遠の定番、アラン模様のカーディガン。
編み応えたっぷりですが、
一生ものの一枚になること間違いなし。

See page:P.66
Design:兵頭良之子　Making:ユキエ
Yarn:ハマナカ アランツィード

Size:P.20…Sサイズ　P.21…Mサイズ

J 丸ヨークセーター

植物を思わせる、印象的な編み込み模様のセーター。
すそとそで口はガーター編みで、
すとんとしたシルエットに。

See page:P.72
Design:岡本真希子　Making:鈴木裕子
Yarn:ハマナカ アメリー

Size:Mサイズ

K ケーブル模様のセーター

きちんと感のあるVネックのなわ編みセーターは、
シャツに重ねて着用して。
着る人を選ばない、万能デザイン。

See page:P.78
Design:鎌田恵美子　Making:飯塚静代
Yarn:リッチモア　スペクトルモデム

Size:Mサイズ

L ソックス

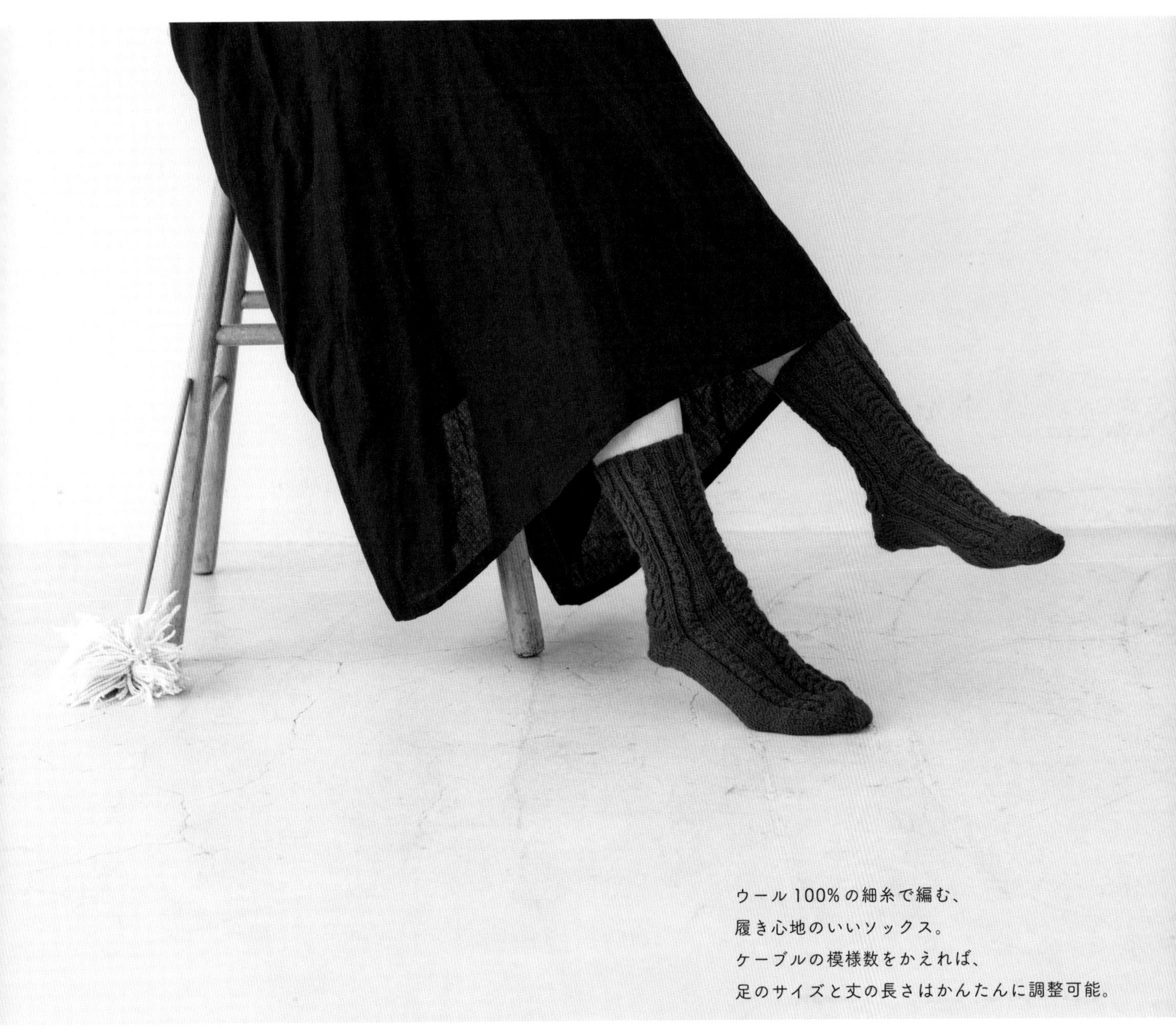

ウール100%の細糸で編む、
履き心地のいいソックス。
ケーブルの模様数をかえれば、
足のサイズと丈の長さはかんたんに調整可能。

See page:P.80
Design:河合真弓　Making:石川君枝
Yarn:ハマナカ 純毛中細

Size:レッド…Lサイズ　ネイビー…Mサイズ

M 多色編み込みのカーディガン

Dのカーディガンを多色にアレンジ。
カラフルな編み込み模様をダークブラウンでまとめ、
落ち着いた印象に。

See page:P.52
Design:風工房
Yarn:リッチモア パーセント

Size:Mサイズ

N ジャケット

太糸で編むロングジャケット。
ボリューム感があり、
冬のアウターとしても大活躍。

See page:P.75
Design:鎌田恵美子　Making:小林知子
Yarn:ハマナカ メンズクラブマスター

Size:Mサイズ

O フードつきパーカ

カジュアルに着こなしたい、スウェット風パーカ。
はぎ目をあえて表に出し、デザインのポイントに。

See page:P.82
Design:兵頭良之子　Making:山田加奈子
Yarn:ハマナカ ソノモノ アルパカウール《並太》

Size:Mサイズ

P マフラー

表目と裏目で編む、
シンプルなツートンマフラー。
冬のコートに合わせて、
好きな色をセレクトして。

See page:P.88
Design:宇野千尋
Yarn:ハマナカ アメリー

Size:Free

HOW TO MAKE

次のページからは、使用した糸や、
作品のサイズとゲージについて紹介しています。
作品を編み始める前に確認しましょう。
ウエア作品は男女兼用デザインのため、
カーディガンはすべて右前（ボタン穴が左前身ごろ）になっています。
左前にしたい場合、ボタン穴を右前身ごろにあけてください。

この本で使用した糸

糸をかえるとゲージがかわってしまうため、指定の糸で編むことをおすすめします。
作品の編み地やデザインによって、適合針が異なる場合があります。

● アメリー
品質／ウール（ニュージーランドメリノ）70%、アクリル 30%
仕立て／ 40g 玉巻（約110m） 太さ／並太 適合針／棒針 6 〜 7 号

● アランツィード
品質／ウール 90%、アルパカ 10%
仕立て／ 40g 玉巻（約 82m） 太さ／並太 適合針／棒針 8 〜 10 号

● スペクトルモデム※
品質／ウール 100%
仕立て／ 40g 玉巻（約 80m） 太さ／極太 適合針／棒針 8 〜 10 号

● ソノモノ アルパカウール
品質／ウール 60%、アルパカ 40%
仕立て／ 40g 玉巻（約60m） 太さ／極太 適合針／棒針 10 〜 12 号

● ソノモノ アルパカウール《並太》
品質／ウール 60%、アルパカ 40%
仕立て／ 40g 玉巻（約92m） 太さ／並太 適合針／棒針 6 〜 8 号

● ソノモノ ツィード
品質／ウール 53%、アルパカ 40%、その他（キャメル及びヤク使用）7%
仕立て／ 40g 玉巻（約110m） 太さ／並太 適合針／棒針 5 〜 6 号

● ハマナカ純毛中細
品質／ウール 100%
仕立て／ 40g 玉巻（約160m） 太さ／中細 適合針／棒針 3 号

● パーセント※
品質／ウール 100%
仕立て／ 40g 玉巻（約120m） 太さ／合太 適合針／棒針 5 〜 7 号

● メンズクラブマスター
品質／ウール 60%、アクリル 40%
仕立て／ 50g 玉巻（約75m） 太さ／ 極太 適合針／棒針 10 〜 12 号

※以外はハマナカ、※はリッチモアの糸です。
毛糸に関するお問い合わせ先は P.96 をごらんください。

サイズとゲージ

◎サイズについて

この本で紹介しているウエアの編み方は、すべて男女兼用のS、M、L、LLの4サイズ表示になっています。各サイズは、下表（ヌード寸法）を目安に制作していますが、デザインによって身幅や着丈、ゆきが異なります。編み方ページのでき上がりサイズを確認し、お手持ちのセーターなどと比較してサイズを選んでください。

	身長	胸囲	胴囲
S	155 ～ 165 cm	78 ～ 86 cm	68 ～ 76 cm
M	160 ～ 175 cm	84 ～ 92 cm	72 ～ 80 cm
L	170 ～ 180 cm	90 ～ 98 cm	78 ～ 88 cm
LL	175 ～ 185 cm	96 ～ 104 cm	86 ～ 96 cm

・写真ページのモデルサイズは男性 178 cm、女性 167cm。着用した作品のサイズは各ページに表記しています。

◎でき上がり寸法について

編み方ページのでき上がり寸法は、以下のように測っています。お手持ちのセーターのサイズを確認しましょう。そでつけのデザインによって表記の仕方がかわります。

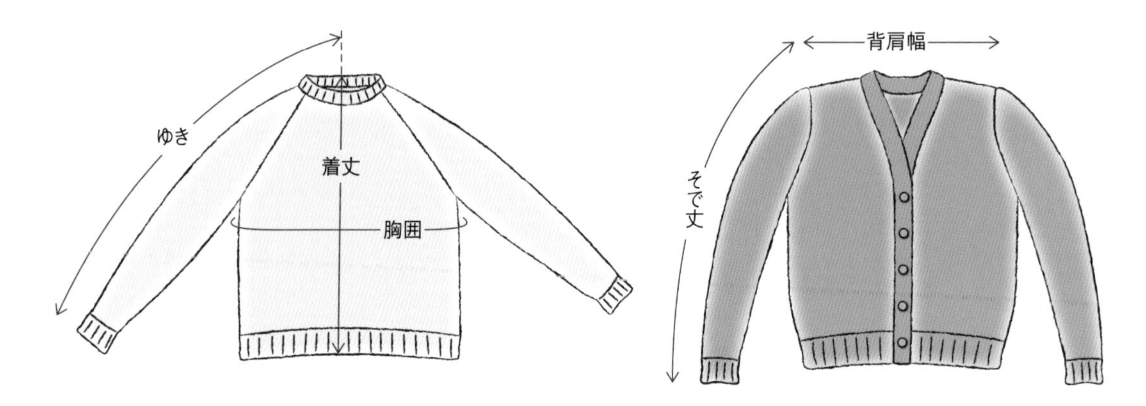

- **胸囲**　前身ごろ、後ろ身ごろのわき下の長さの合計
- **着丈**　後ろえりの中央から、すそまでの長さ
- **ゆき**　後ろえりの中央から、そで口までの長さ
- **そで丈**　肩先からそで口までの長さ
- **背肩幅**　肩先から肩先の長さ

◎ゲージについて

ゲージとは編み目の大きさのことで、「一定の大きさの中に何目、何段入るか」を示しています。作品と同じ大きさに編むためにはゲージを合わせることが大切です。15㎝くらいの編み地を試し編みしてゲージを測り、表示されたゲージと異なる場合、「ゲージの調整方法」で合わせるようにしましょう。

●ゲージの調整方法

目数段数が表示よりも多い場合…手加減がきついので、編み上がりが作品よりも小さくなります。指定よりも1～2号太い針で編みましょう。
目数段数が表示よりも少ない場合…手加減がゆるいので、編み上がりが作品よりも大きくなります。指定よりも1～2号細い針で編みましょう。

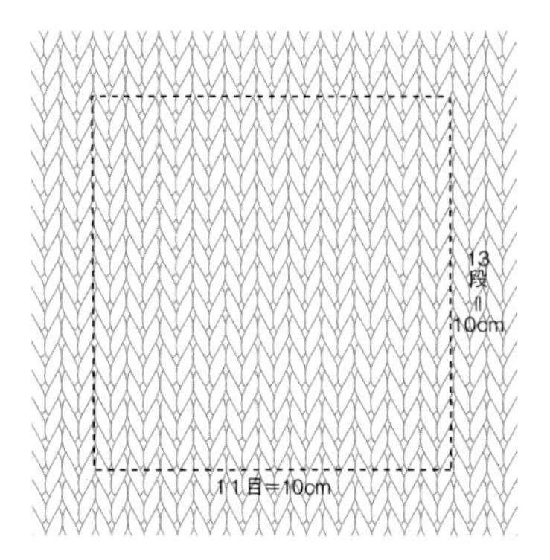

◎サイズ調整について

ほんの少しサイズをかえる場合の、簡単な方法を紹介します。サイズを大きく変更すると作品の雰囲気やバランスがかわってしまうので、おすすめしません。また、サイズをかえると使用する糸の量もかわるので、大きくする場合は多めの糸が必要になります。

●針をかえる

もう少し大きな（小さな）サイズで編みたい場合、もっとも簡単な方法は針の太さをかえること。編み方ページの表示と同じゲージで編めている場合、針をもう1号太く（細く）するとサイズは約5%、2号太く（細く）すると約10%大きく（小さく）なります。これはおおよその目安で、手加減によって誤差が出るので必ず試し編みをしましょう。針の太さを大幅にかえると編み地の風合いがかわってしまうので、±2号くらいまでにとどめておいてください。

●目数段数や模様で調整する

着丈をもう少し長く（短く）したい場合は、すそやそで口で調整します。長く（短く）したい寸法が何段分になるかをゲージから計算し、その段数分を多く（少なく）編みます。1模様の段数が少ない模様の場合は、模様数で調整するとよいでしょう。そで口の長さは、2㎝程度であれば、そで口の目数のまま長く（短く）しても形に大きな影響はありません。
胸囲を大きく（小さく）したい場合は、肩幅の範囲で調整します。この場合も、バランスを考えて片側で1.5㎝くらいまでにとどめましょう。そでぐりやえりぐりなどカーブ部分を変更すると、そでにも影響が出てしまうので大変です。また、肩下がりのあるデザインの場合は割り出しの計算（※）の変更が必要になります。

※割り出しの計算は、専門書やインターネットなどで調べることができます。

B ヘンリーネックのベスト Photo:P.6

糸：ハマナカ アランツィード（40g玉巻）ブルー（13）
S 360g M 395g L 440g LL 485g
針：ハマナカアミアミ9号、7号玉付2本棒針
7号4本棒針
その他：2cm×1cmのボタン2個
ゲージ：メリヤス編み 17目24段＝10cm角
模様編み 23目24段＝10cm角
サイズ：胸囲 S 98cm M 104cm L 110cm LL 116cm
着丈 S 60.5cm M 64cm L 66.5cm LL 70cm
背肩幅 S 49cm M 52cm L 55cm LL 58cm

編み方：糸は1本どりで編みます。
前後身ごろはあとでほどく作り目をし、メリヤス編みと模様編みで図のように編みますが、前身ごろは指定の位置で巻き目で増し目をし、左右に分けて編みます。作り目をほどき、すそに1目ゴム編みを編んで1目ゴム編み止めにします。肩をかぶせ引き抜きはぎにし、えりぐりに1目ゴム編みを編んで1目ゴム編み止めにします。前立ては上前にボタン穴をあけながら1目ゴム編みを編んで1目ゴム編み止めにし、身ごろにとじつけます。そでぐりにも1目ゴム編みを編んで1目ゴム編み止めにします。わきをすくいとじにし、そでぐりと身ごろを目と段のはぎでつけます。前立てにボタンをつけます。

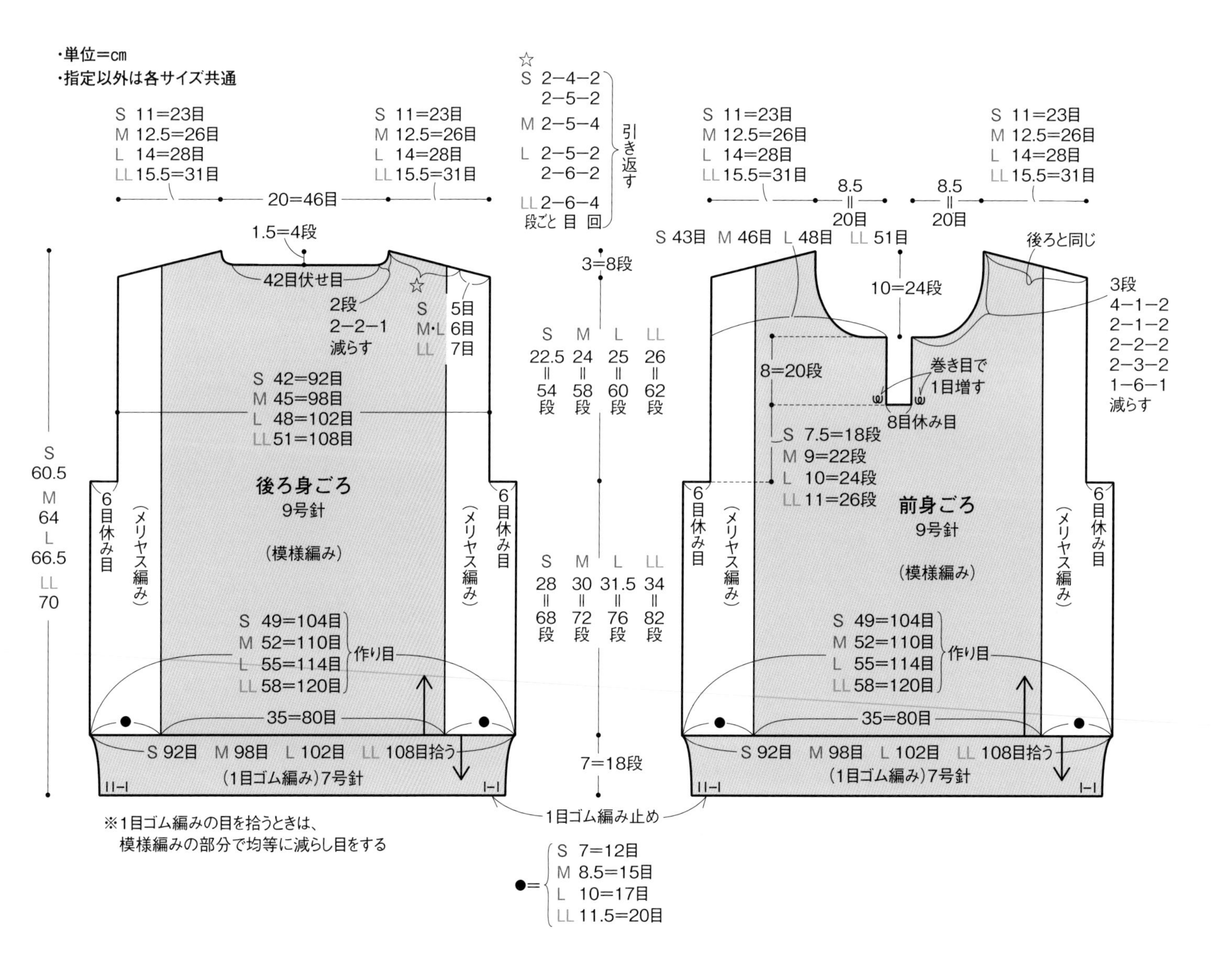

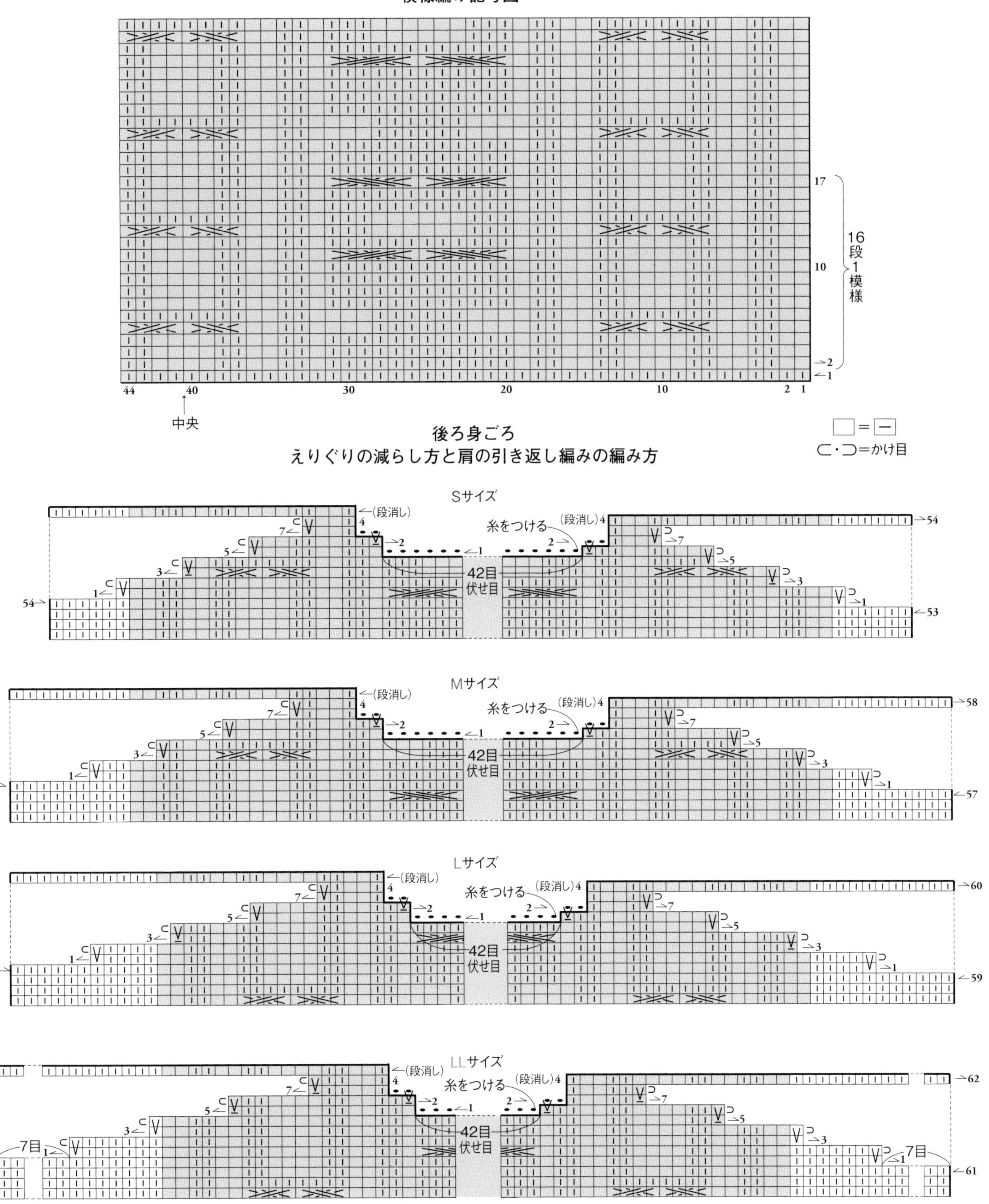

模様編み記号図
17
10
2
1
16段1模様
44
40
30
20
10
2 1
中央
□=−
⊂・⊃=かけ目
後ろ身ごろ
えりぐりの減らし方と肩の引き返し編みの編み方
Sサイズ
(段消し)
糸をつける
(段消し)4
42目
伏せ目
54
53
Mサイズ
58
57
Lサイズ
60
59
LLサイズ
7目
62
61

次ページへ続く

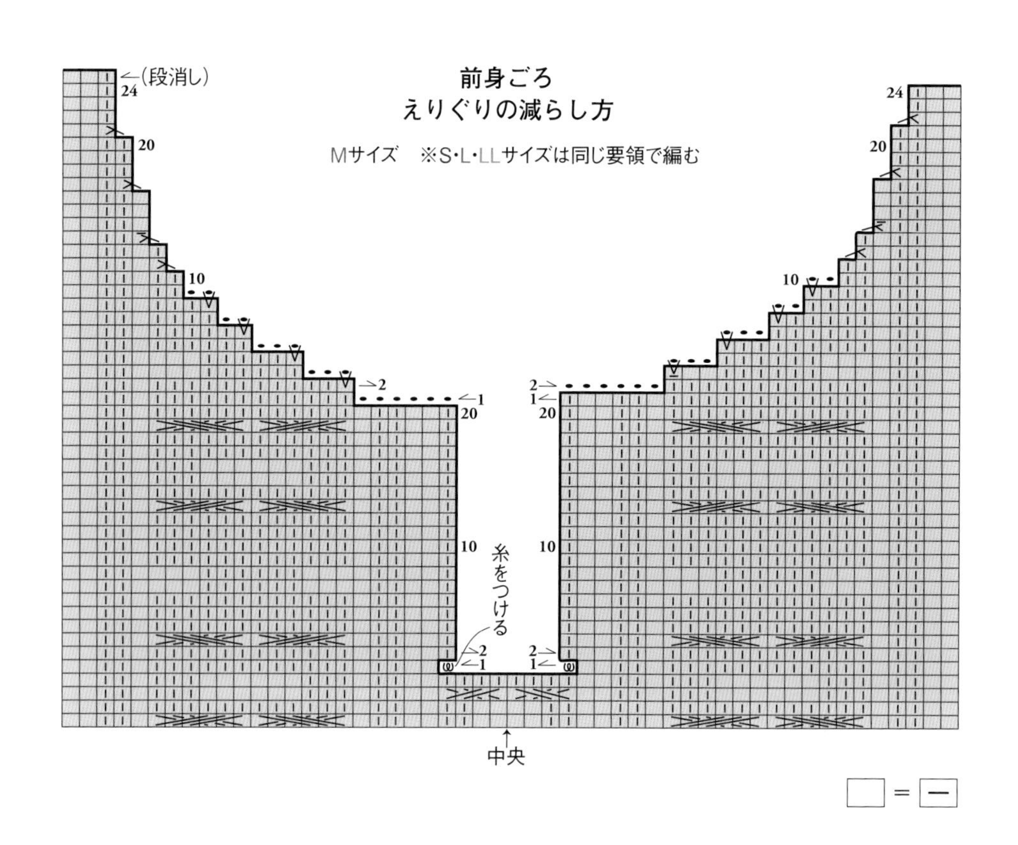
前身ごろ
えりぐりの減らし方
Mサイズ　※S・L・LLサイズは同じ要領で編む
(段消し)
24
20
10
2
1
20
10
糸をつける
中央
□＝－

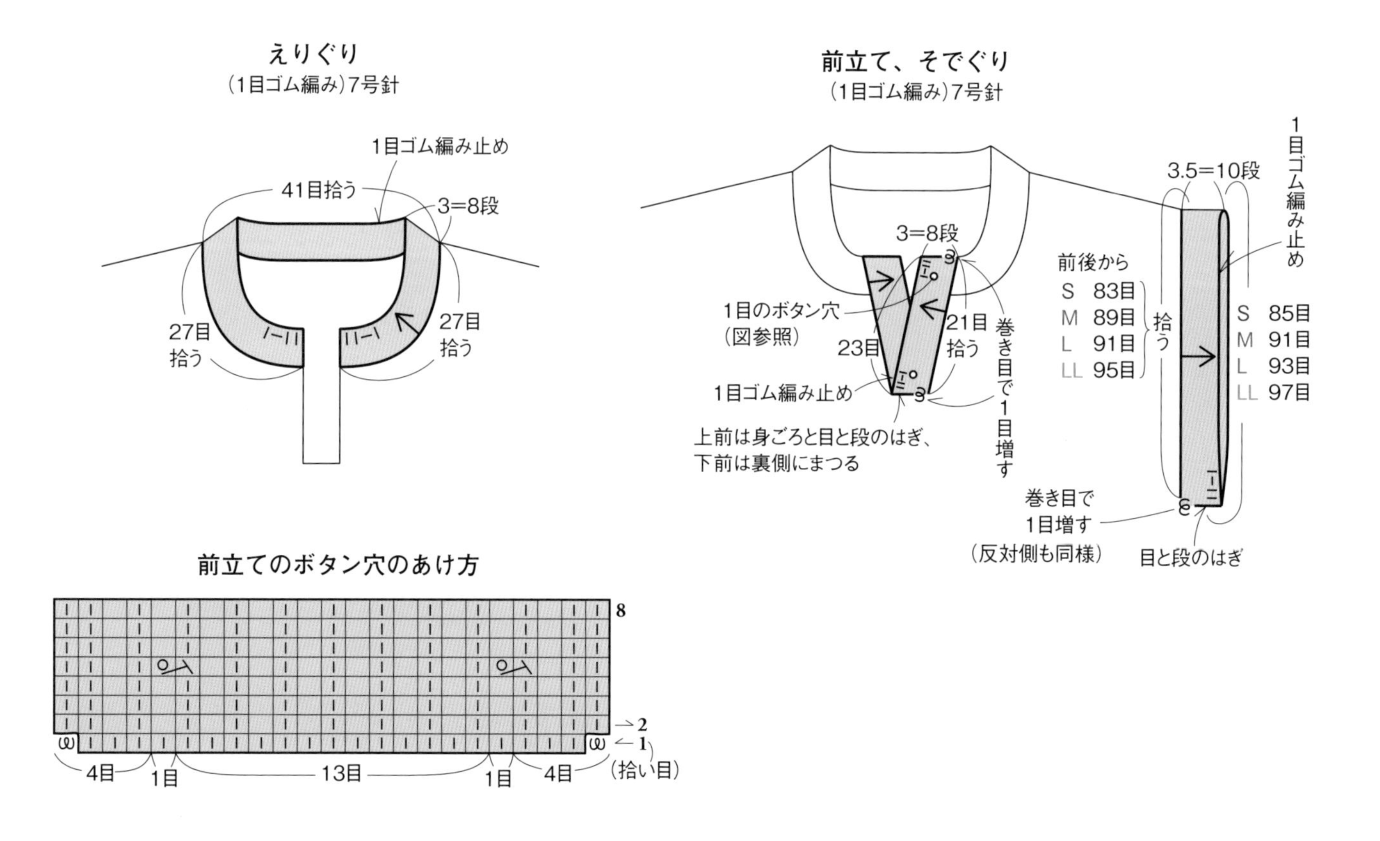
えりぐり
(1目ゴム編み)7号針
1目ゴム編み止め
41目拾う
3＝8段
27目拾う
27目拾う
前立て、そでぐり
(1目ゴム編み)7号針
3＝8段
1目のボタン穴
(図参照)
23目
21目拾う
巻き目で1目増す
1目ゴム編み止め
上前は身ごろと目と段のはぎ、
下前は裏側にまつる
3.5＝10段
1目ゴム編み止め
前後から
S 83目
M 89目
L 91目
LL 95目
拾う
S 85目
M 91目
L 93目
LL 97目
巻き目で
1目増す
(反対側も同様)
目と段のはぎ
前立てのボタン穴のあけ方
8
2
1
(拾い目)
4目
1目
13目
1目
4目

A 幾何学模様のセーター Photo:P.4

糸：ハマナカ ソノモノ アルパカウール（40g玉巻）
　オフホワイト（41）S 620g M 670g L 720g LL 770g
針：ハマナカアミアミ10号、8号4本棒針（または輪針）
ゲージ：①模様編み 19目28段＝10cm角
　②模様編み 16.5目28段＝10cm角
サイズ：胸囲 S 104cm M 108cm L 113cm LL 118cm
　着丈 S 55cm M 58cm L 61cm LL 64cm
　ゆき S 75cm M 77.5cm L 82cm LL 85cm

編み方：糸は1本どりで編みます。
前後身ごろは続けて編みます。一般的な作り目をして輪にし、1目ゴム編み、ガーター編み、①、②模様編みで図のように編み、編み終わりは休み目にします。そでは同様に作り目して輪にし、1目ゴム編み、ガーター編み、②模様編みで編み、編み終わりは休み目にします。ヨークは前後身ごろ、そでから拾い目して輪にし、②模様編みで指定のように目を減らしながら編み、続けてえりぐりのガーター編み、1目ゴム編みを編み、編み終わりは伏せ止めにします。わきの休み目（身ごろは9目、そでは8目）をメリヤスはぎにします。

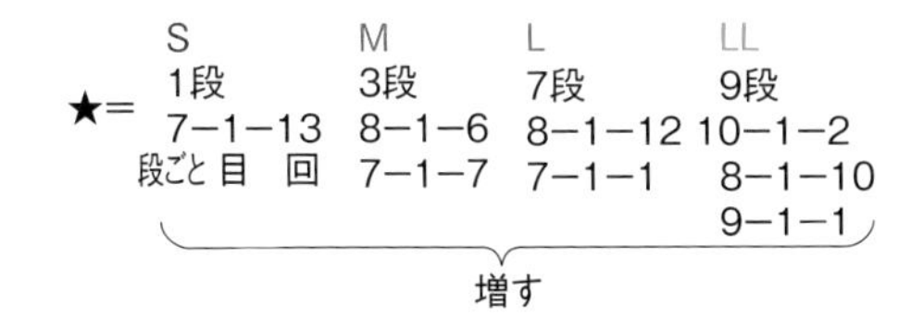

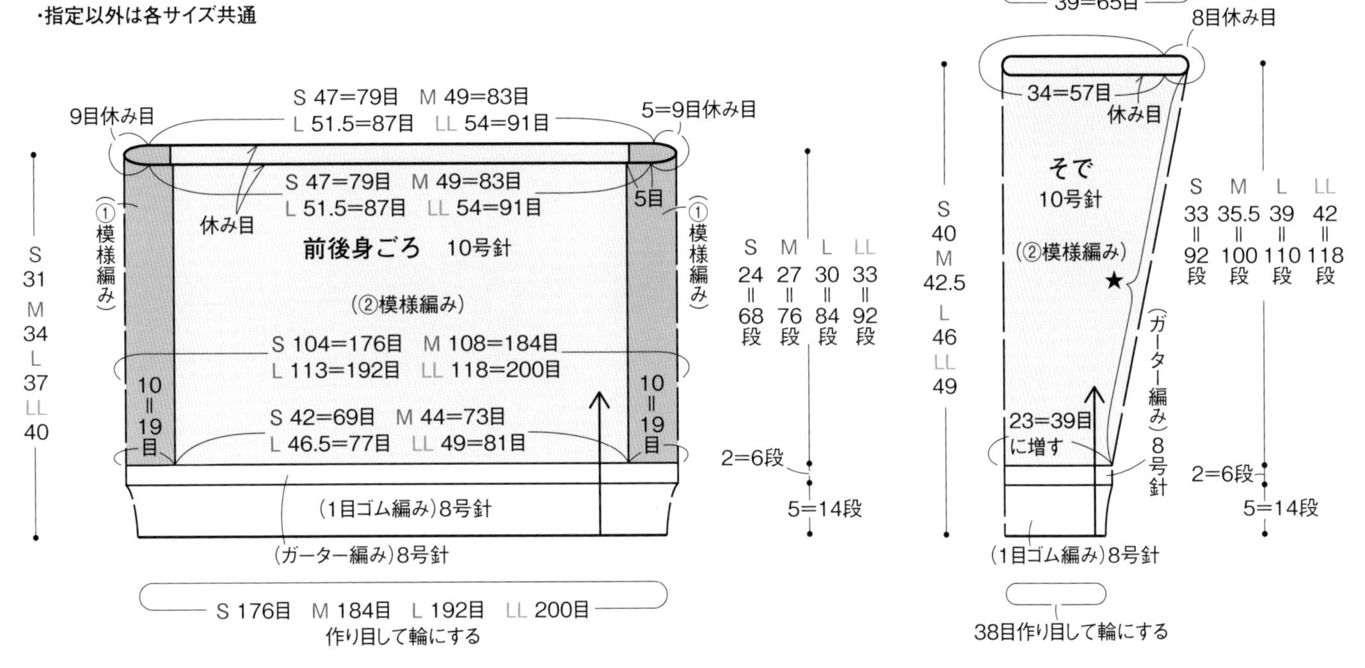

次ページへ続く

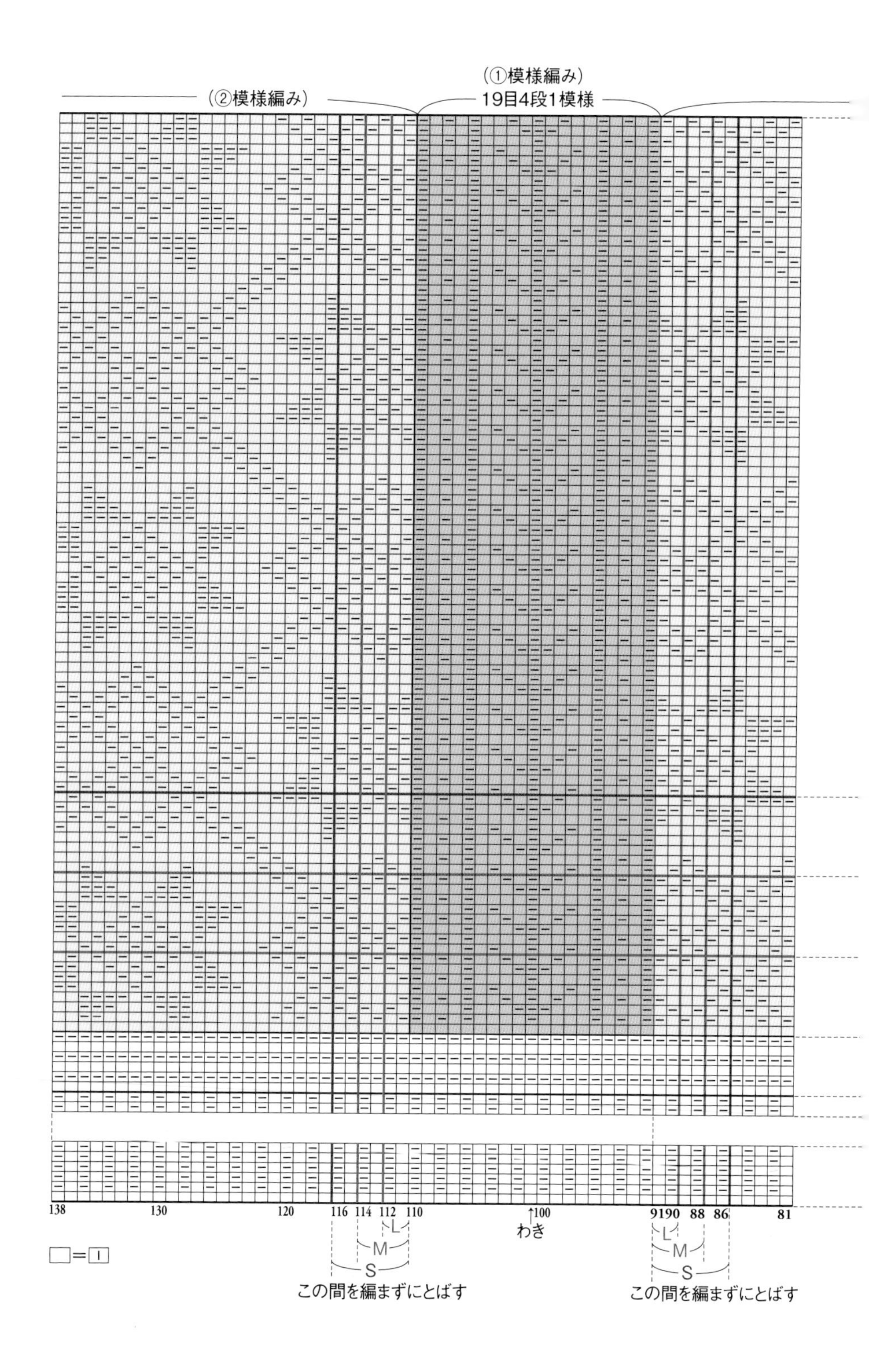

(②模様編み)
(①模様編み)
19目4段1模様
138
130
120
116
114
112
110
↑100
わき
91
90
88
86
81
L
M
S
この間を編まずにとばす
L
M
S
この間を編まずにとばす
□=□

前後身ごろの編み方

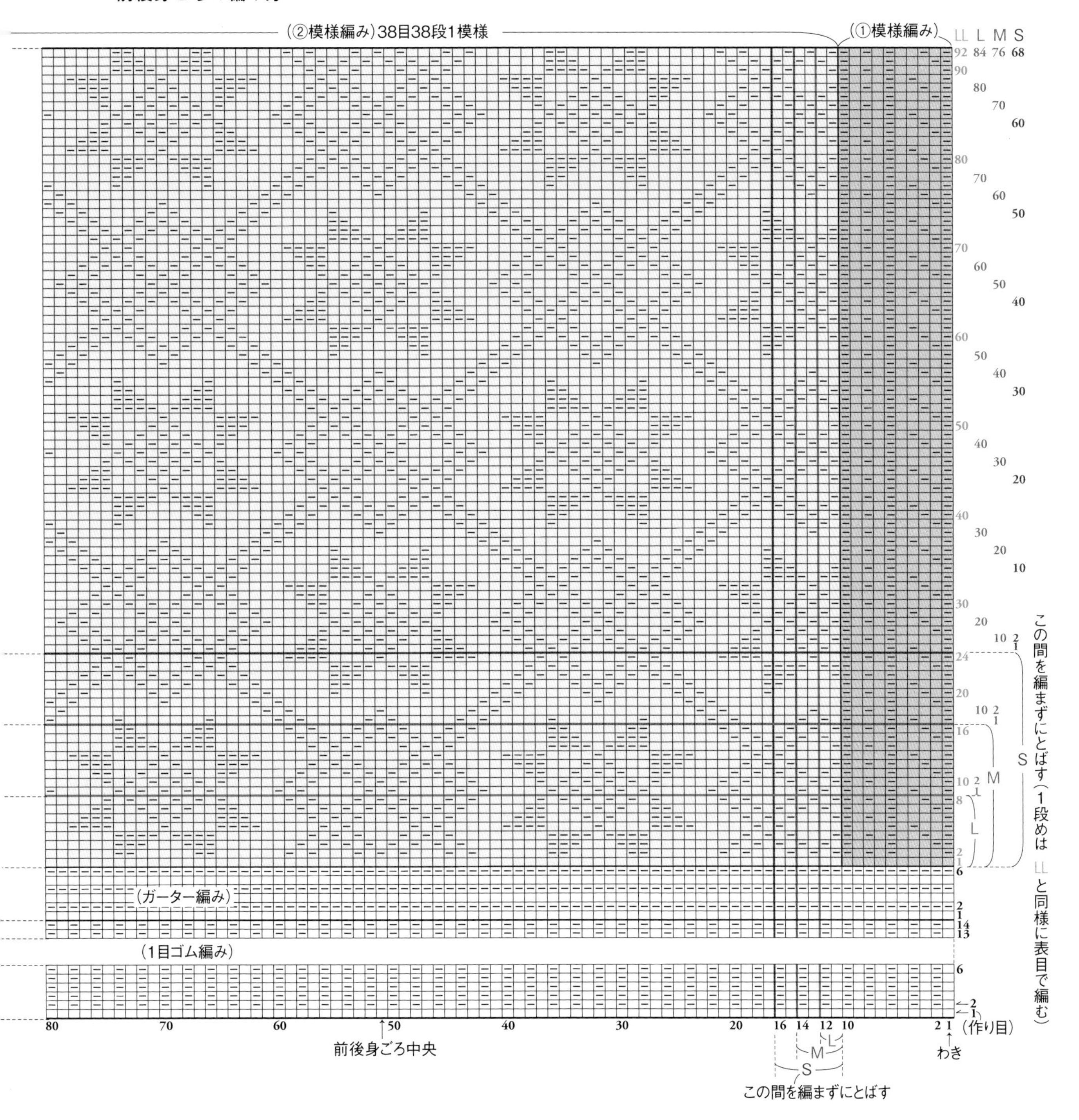

次ページへ続く

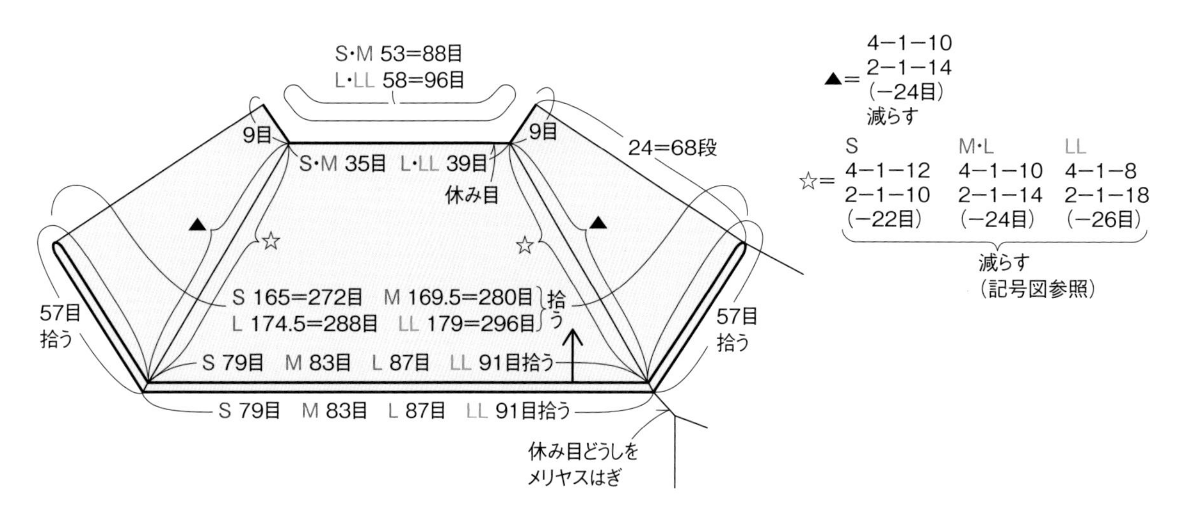
ヨーク
(②模様編み)10号針
S·M 53=88目
L·LL 58=96目
9目
9目
S·M 35目 L·LL 39目
休み目
24=68段
S 165=272目 M 169.5=280目
L 174.5=288目 LL 179=296目
拾う
57目
拾う
57目
拾う
S 79目 M 83目 L 87目 LL 91目拾う
S 79目 M 83目 L 87目 LL 91目拾う
休み目どうしを
メリヤスはぎ
▲＝4−1−10
2−1−14
(−24目)
減らす
☆＝
S
4−1−12
2−1−10
(−22目)
M·L
4−1−10
2−1−14
(−24目)
LL
4−1−8
2−1−18
(−26目)
減らす
(記号図参照)

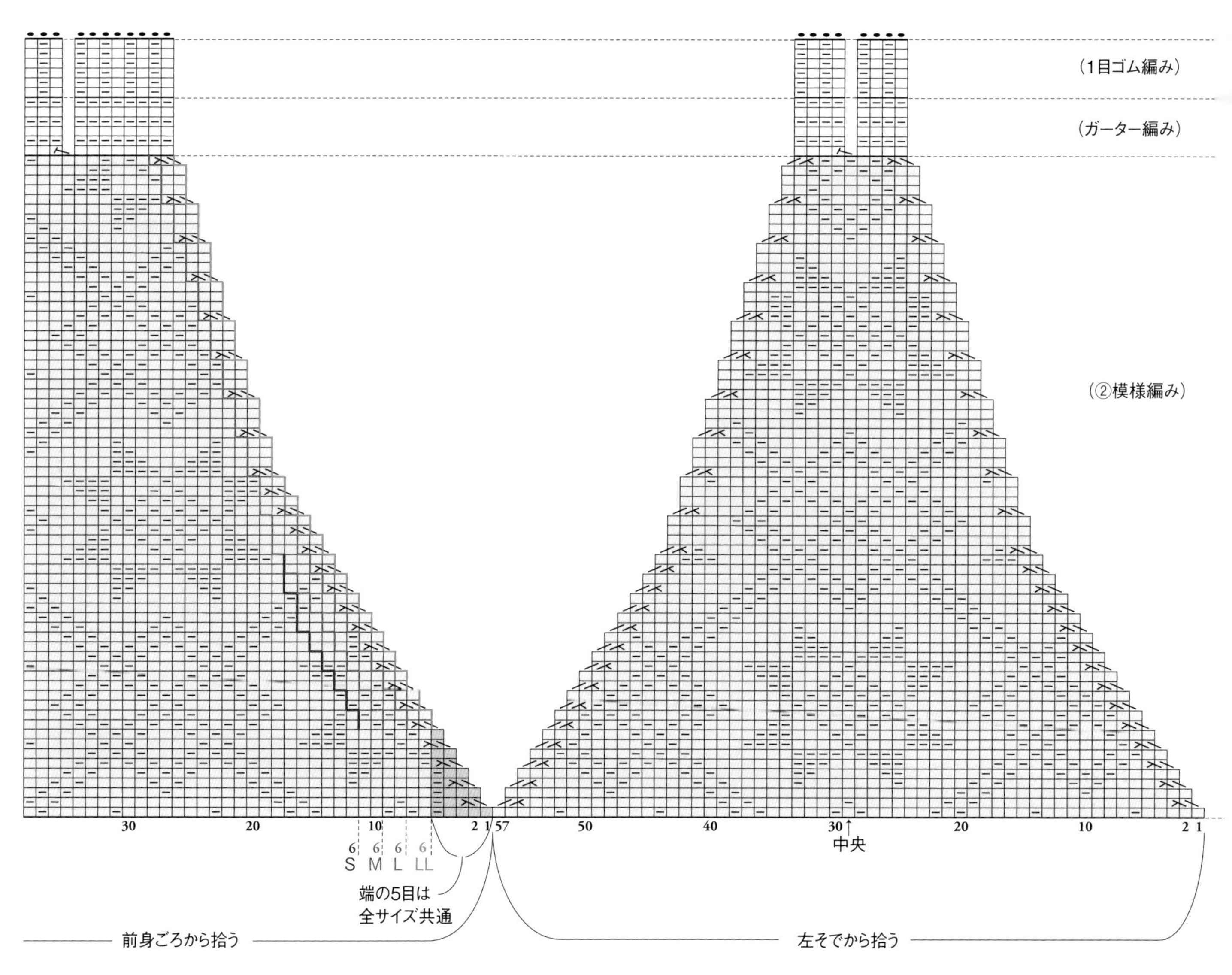
(1目ゴム編み)
(ガーター編み)
(②模様編み)
30
20
10
2
1
57
50
40
30
中央
20
10
2
1
6
6
6
6
S
M
L
LL
端の5目は
全サイズ共通
前身ごろから拾う
左そでから拾う
□＝Ⅰ

えりぐり
8号針

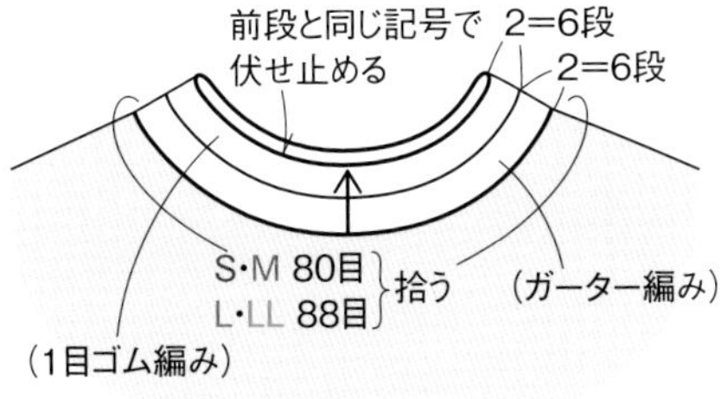

ヨークとえりぐりの編み方
LLサイズ　※S・M・Lサイズは同じ要領（前後身ごろから模様が続くように）で編む

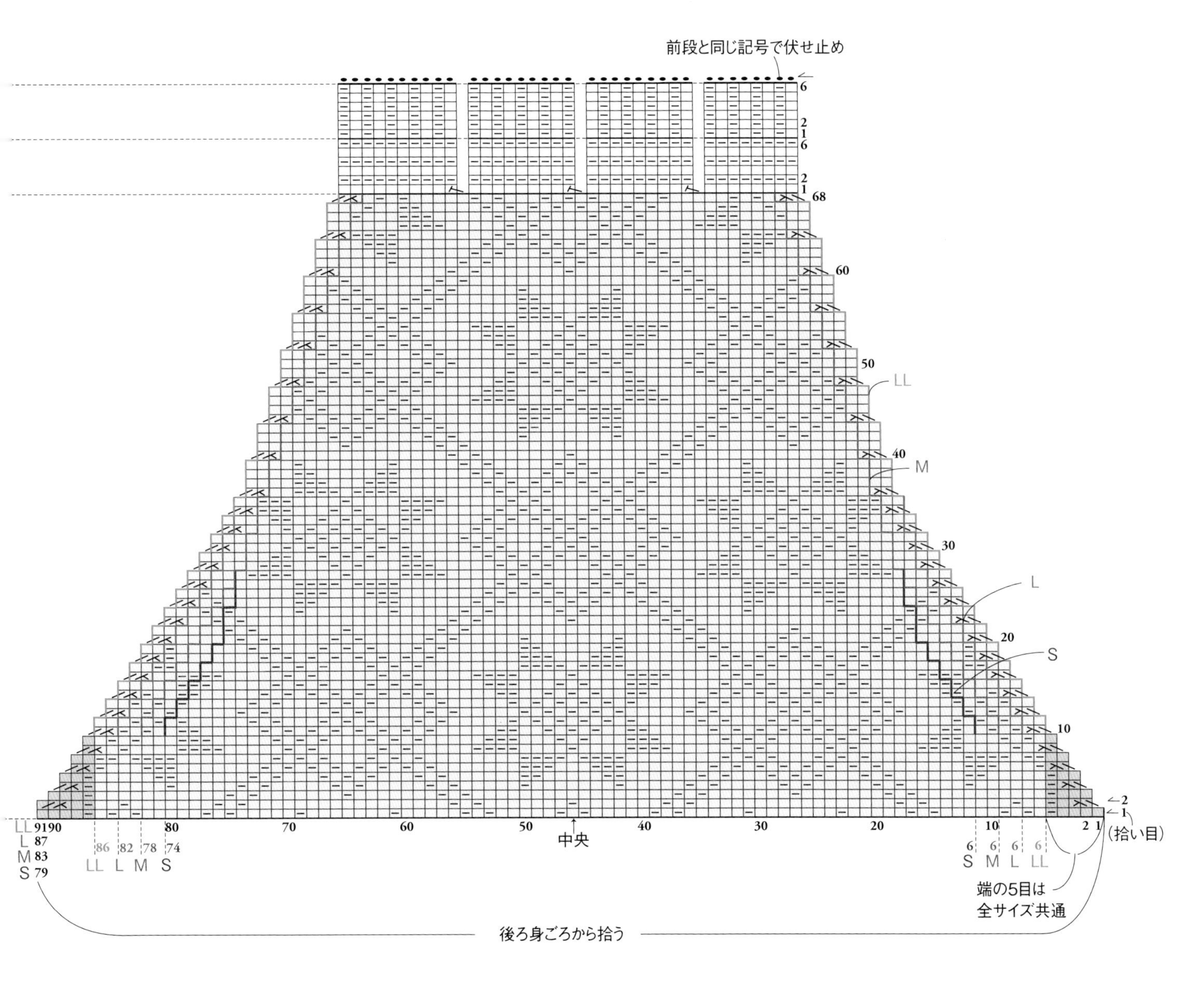

次ページへ続く

そでの編み方

※S･M･LサイズはLLサイズと同じ要領で増す。
指定の位置は編まずにとばす

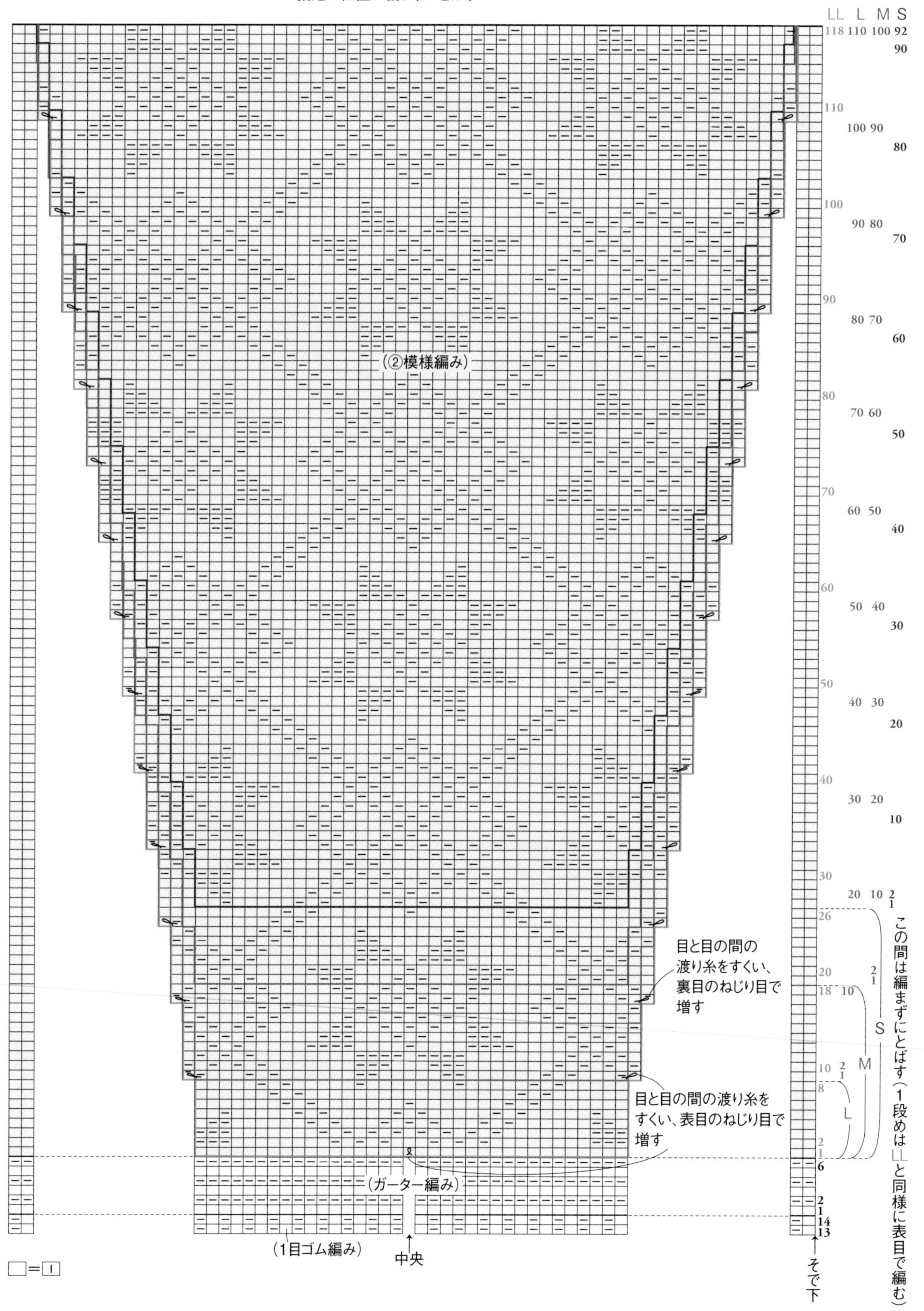

C イギリスゴム編みのセーター Photo:P.8

a

b

糸：ハマナカ アメリー（40g玉巻）
a ベージュ（21）
S 610g M 655g L 715g LL 765g
b コーラルピンク（27）
S 545g M 590g L 650g LL 700g
針：a,b ハマナカアミアミ7号、5号玉付2本棒針
a 7号、6号玉付4本棒針
b 5号4本棒針
ゲージ：イギリスゴム編み 22目37.5段＝10㎝角
サイズ：胸囲 S 102㎝ M 106㎝ L 110㎝ LL 114㎝
着丈 S 61㎝ M 63㎝ L 66㎝ LL 69㎝
ゆき S 77㎝ M 79㎝ L 82㎝ LL 85㎝

編み方：糸は1本どりで編みます。
前後身ごろとそではそれぞれ一般的な作り目をし、1目ゴム編みとイギリスゴム編みで編みます。肩をかぶせ引き抜きはぎにしますが、裏目部分は引き上げながらはぎます。aはえりを指定の針で編み、ゆるめに伏せ止めます。bはえりぐりから拾い目し、1目ゴム編みを編み、1目ゴム編み止めにします。そでを引き抜きとじでつけ、わきからそで下を続けてすくいとじにします。

・単位＝㎝ ・指定以外は各サイズ共通

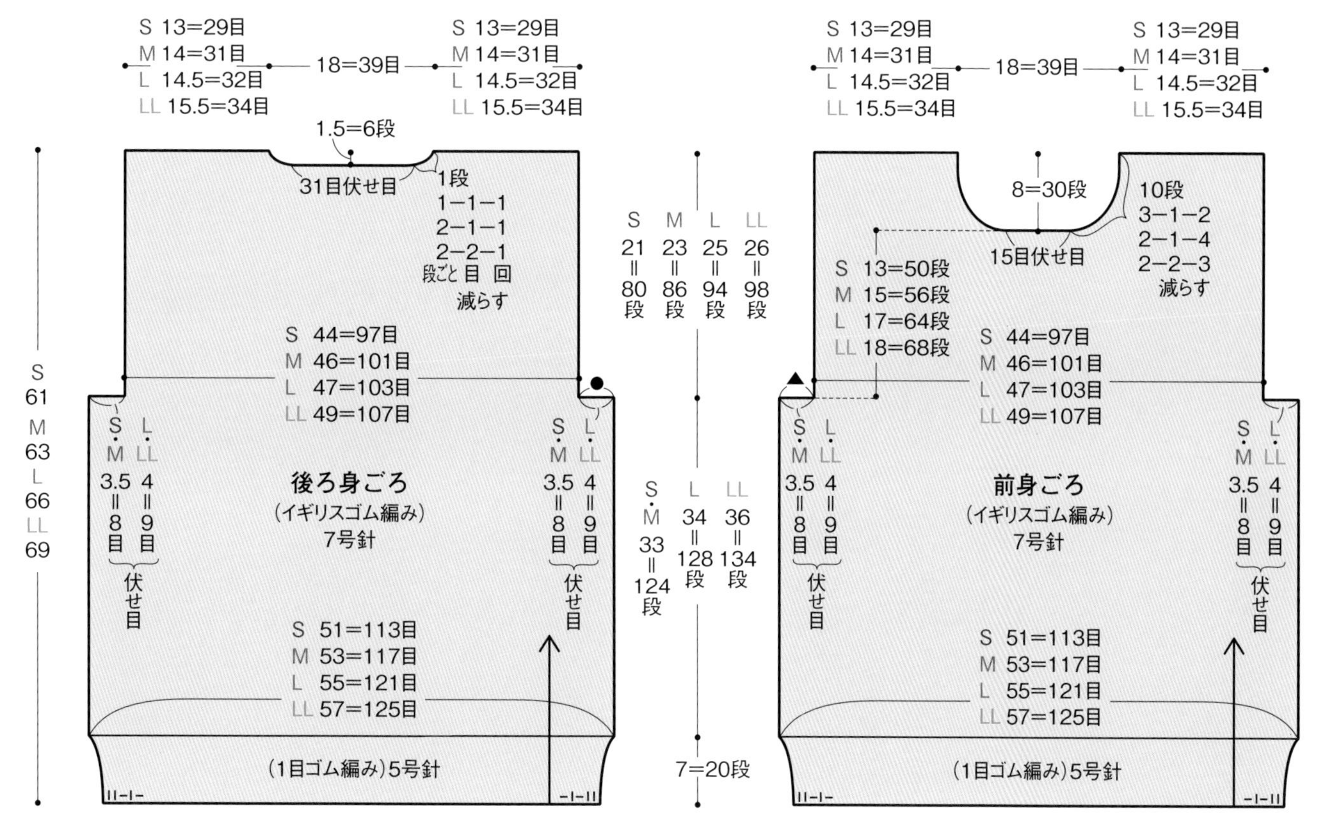

イギリスゴム編み記号図

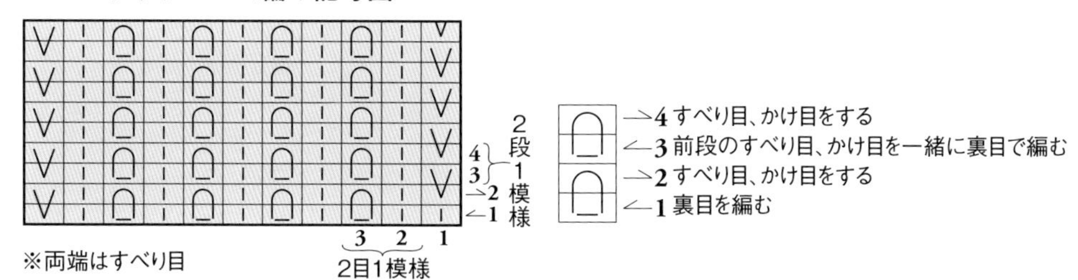

※両端はすべり目

次ページへ続く

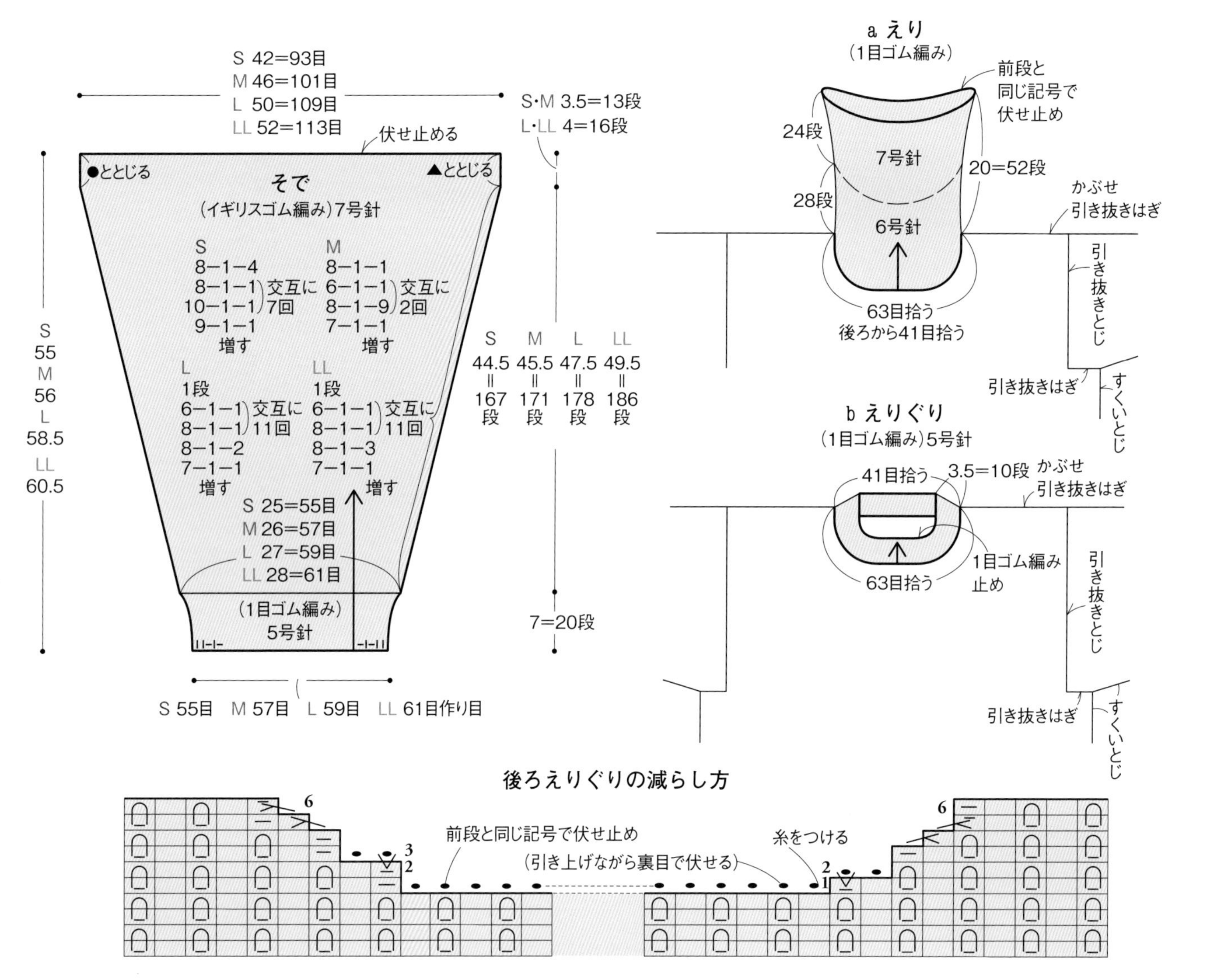
S 42=93目
M 46=101目
L 50=109目
LL 52=113目
伏せ止める
●ととじる
▲ととじる
そで
(イギリスゴム編み)7号針
S
8-1-4
8-1-1
10-1-1
9-1-1
交互に7回
増す
M
8-1-1
6-1-1
8-1-9
7-1-1
交互に2回
増す
L
1段
6-1-1
8-1-1
8-1-2
7-1-1
交互に11回
増す
LL
1段
6-1-1
8-1-1
8-1-3
7-1-1
交互に11回
増す
S 25=55目
M 26=57目
L 27=59目
LL 28=61目
(1目ゴム編み)
5号針
S 55 M 56 L 58.5 LL 60.5
S·M 3.5=13段
L·LL 4=16段
S M L LL
44.5 45.5 47.5 49.5
167段 171段 178段 186段
7=20段
S 55目 M 57目 L 59目 LL 61目作り目
a えり
(1目ゴム編み)
前段と同じ記号で伏せ止め
24段
7号針
20=52段
28段
6号針
かぶせ引き抜きはぎ
引き抜きとじ
63目拾う
後ろから41目拾う
引き抜きはぎ
すくいとじ
b えりぐり
(1目ゴム編み)5号針
41目拾う
3.5=10段
かぶせ引き抜きはぎ
1目ゴム編み止め
63目拾う
引き抜きとじ
引き抜きはぎ
すくいとじ

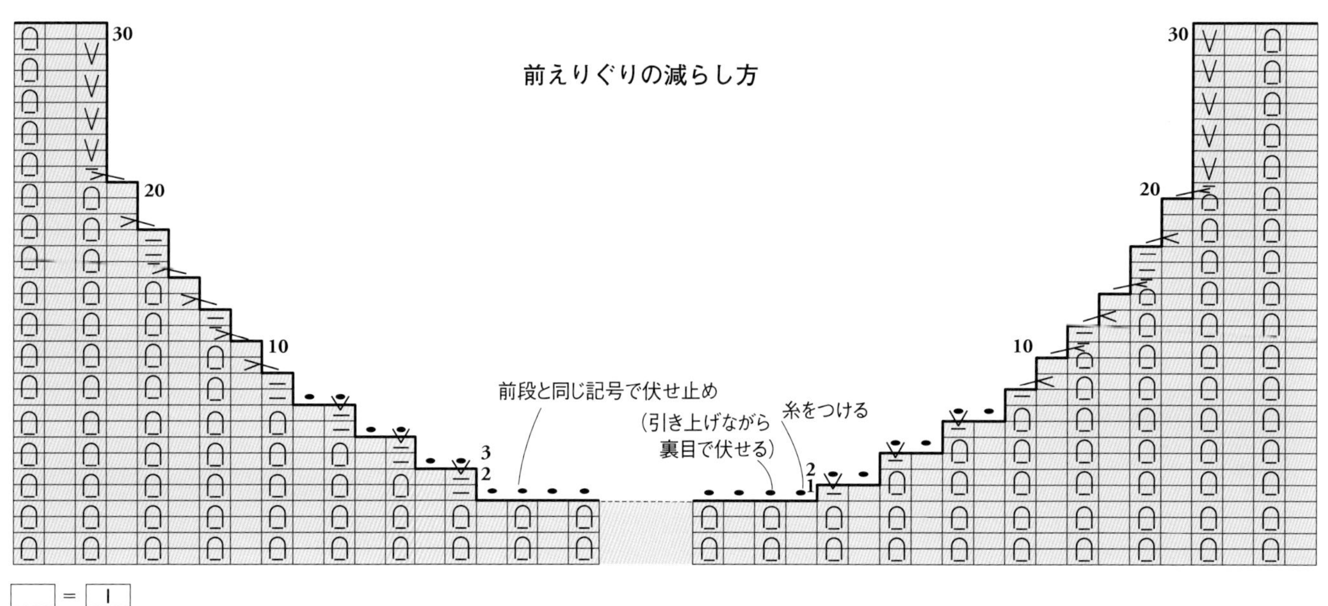
後ろえりぐりの減らし方
6
3
2
前段と同じ記号で伏せ止め
(引き上げながら裏目で伏せる)
糸をつける
2
1
6
前えりぐりの減らし方
30
20
10
3
2
前段と同じ記号で伏せ止め
(引き上げながら裏目で伏せる)
糸をつける
2
1
30
20
10
□ = I

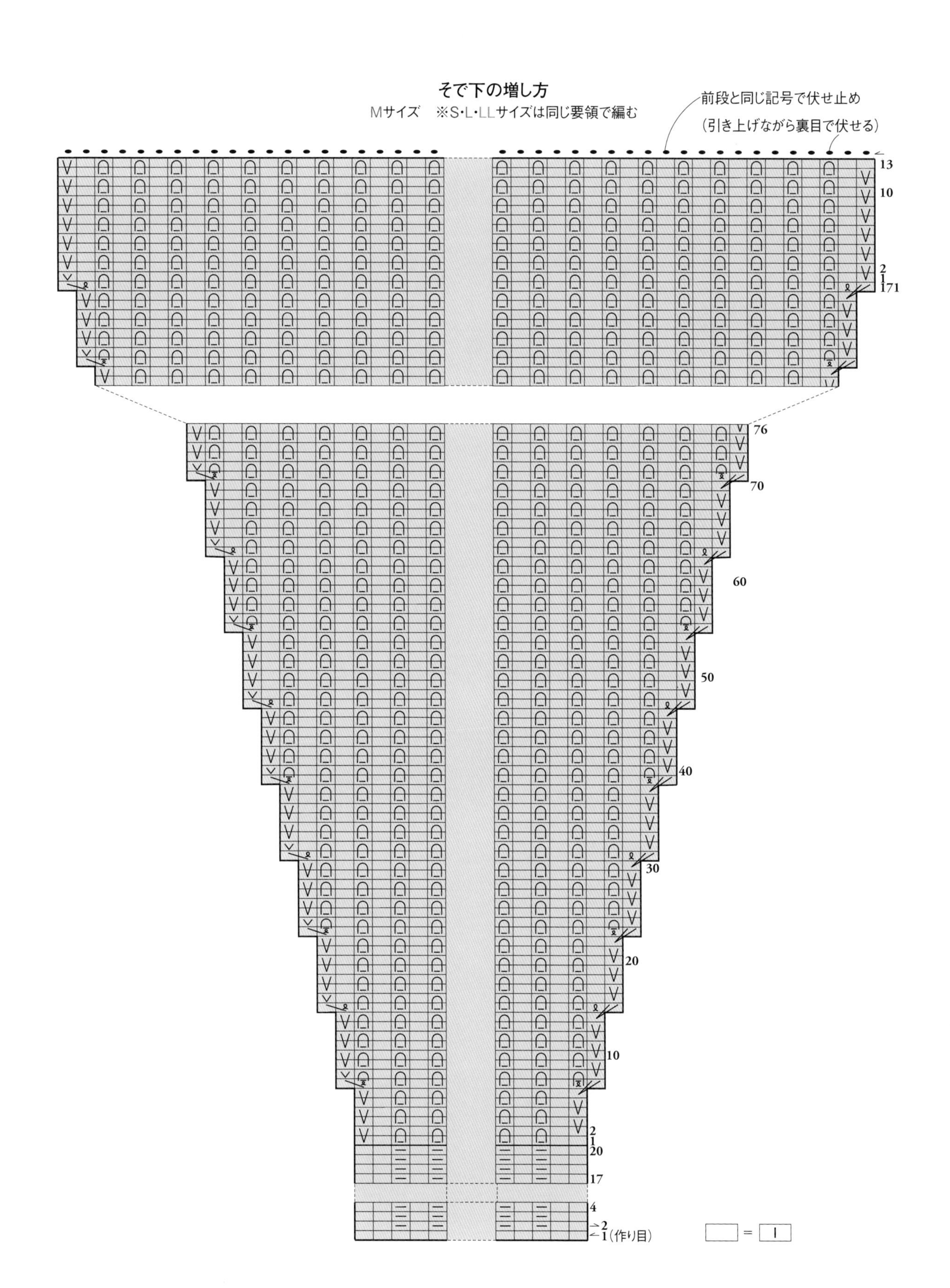
そで下の増し方
Mサイズ　※S・L・LLサイズは同じ要領で編む
前段と同じ記号で伏せ止め
(引き上げながら裏目で伏せる)
13
10
2
1
171
76
70
60
50
40
30
20
10
2
1
20
17
4
2
1(作り目)
=

D 2色編み込みのカーディガン Photo:P.10 ／ M 多色編み込みのカーディガン Photo:P.28

糸：リッチモア パーセント（40g玉巻）
　※色名と糸使用量はP.54、55の表参照
針：ハマナカアミアミ5号、4号、3号玉付2本棒針
その他：直径1.8cmのボタン6個
ゲージ：メリヤス編み　24目32段＝10cm角
　メリヤス編みの編み込み模様（5号針）
　24目29段＝10cm角
サイズ：胸囲　S 102.5cm　M 111.5cm
　L 112.5cm　LL 116.5cm
　着丈　S 63.5cm　M 67cm　L 70cm　LL 72.5cm
　背肩幅　S 40cm　M 43cm　L 44cm　LL 46cm
　そで丈　S 63cm　M 64cm　L 66cm　LL 66cm

編み方：糸は1本どりで、メリヤス編みの編み込み模様以外はDはネイビー、Mはダークブラウンで編みます。
後ろ身ごろ、そでは一般的な作り目をし、2目ゴム編み、メリヤス編みで図のように編みます。前身ごろは一般的な作り目をし、2目ゴム編み、メリヤス編みの編み込み模様で編みますが、ポケット位置には別糸を編み込んでおきます。ポケット位置の別糸を抜き、ポケット口を2目ゴム編み、ポケット裏をメリヤス編みでそれぞれ編んで伏せ止めにします。肩をかぶせ引き抜きはぎにします。前立てえりは一般的な作り目をし、1目ゴム編みで編みますが、上前にはボタン穴をあけながら編み、編み終わりは伏せ止めにします。前立てえりをすくいとじ、目と段のはぎでつけます。わきとそで下をすくいとじにし、そでを引き抜きとじでつけ、ボタンをつけます。
※ポケットの編み方はP.71参照。

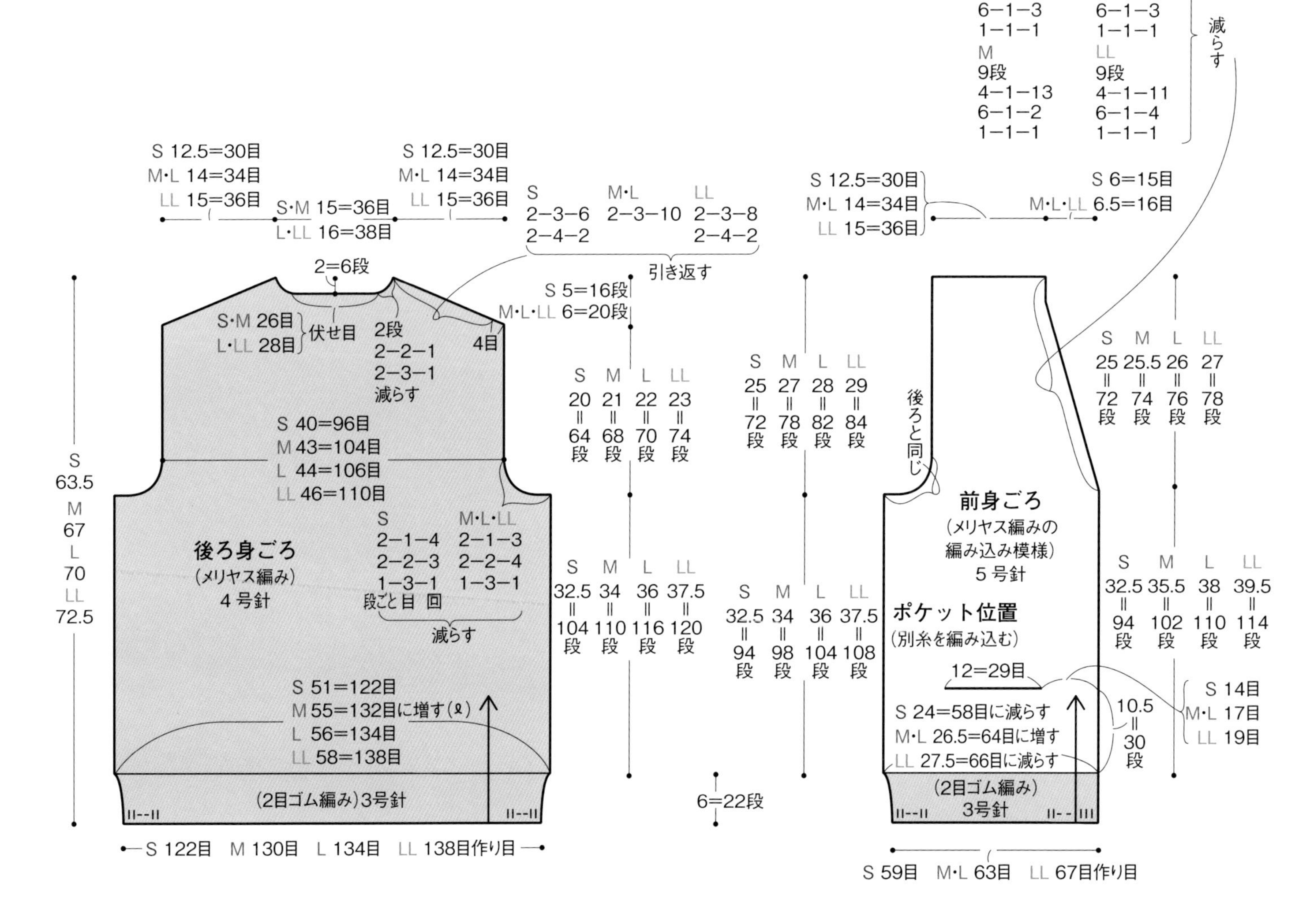

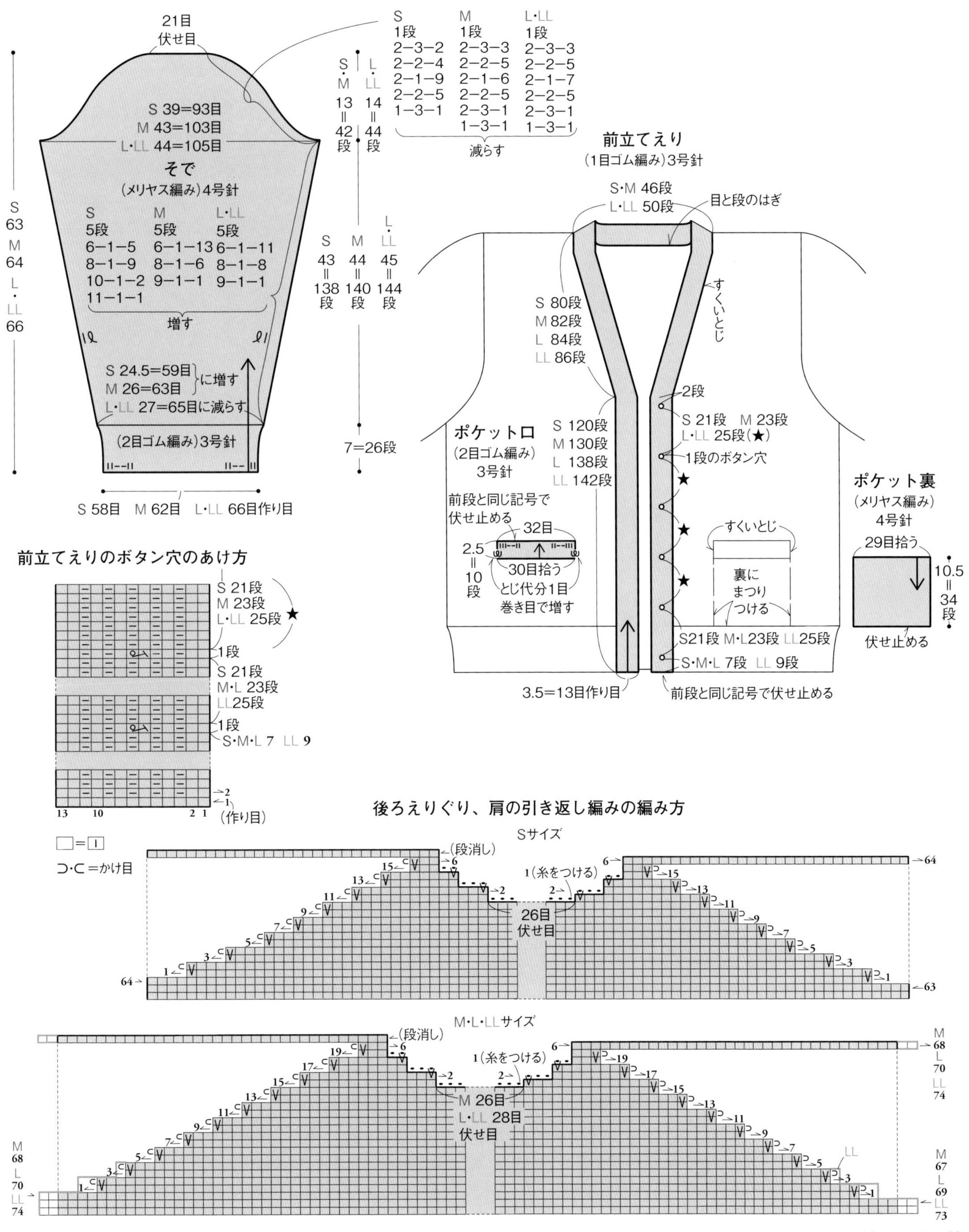

21目
伏せ目
S 39=93目
M 43=103目
L・LL 44=105目
そで
(メリヤス編み)4号針
S
5段
6−1−5
8−1−9
10−1−2
11−1−1
M
5段
6−1−13
8−1−6
9−1−1
L・LL
5段
6−1−11
8−1−8
9−1−1
増す
S 24.5=59目
M 26=63目
に増す
L・LL 27=65目に減らす
(2目ゴム編み)3号針
S 63
M 64
L・LL 66
S 58目 M 62目 L・LL 66目作り目
S・M 13=42段
L・LL 14=44段
S 43=138段
M 44=140段
L・LL 45=144段
7=26段
S
1段
2−3−2
2−2−4
2−1−9
2−2−5
1−3−1
M
1段
2−3−3
2−2−5
2−1−6
2−2−5
2−3−1
1−3−1
L・LL
1段
2−3−3
2−2−5
2−1−7
2−2−5
2−3−1
1−3−1
減らす
前立てえり
(1目ゴム編み)3号針
S・M 46段
L・LL 50段
目と段のはぎ
すくいとじ
S 80段
M 82段
L 84段
LL 86段
2段
S 21段 M 23段
L・LL 25段(★)
1段のボタン穴
S 120段
M 130段
L 138段
LL 142段
ポケット口
(2目ゴム編み)
3号針
前段と同じ記号で
伏せ止める
32目
2.5=10段
30目拾う
とじ代分1目
巻き目で増す
すくいとじ
裏に
まつり
つける
S21段 M・L23段 LL25段
S・M・L 7段 LL 9段
3.5=13目作り目
前段と同じ記号で伏せ止める
ポケット裏
(メリヤス編み)
4号針
29目拾う
10.5=34段
伏せ止める
前立てえりのボタン穴のあけ方
S 21段
M 23段
L・LL 25段 ★
1段
S 21段
M・L 23段
LL25段
1段
S・M・L 7 LL 9
2
1
(作り目)
13
10
2 1
□=□
⊃・⊂=かけ目
後ろえりぐり、肩の引き返し編みの編み方
Sサイズ
(段消し)
6
2
1(糸をつける)
26目
伏せ目
64
63
15
13
11
9
7
5
3
1
M・L・LLサイズ
(段消し)
1(糸をつける)
M 26目
L・LL 28目
伏せ目
19
17
M 68
L 70
LL 74
M 67
L 69
LL 73

次ページへ続く

Dの配色と使用量

	色	S	M	L	LL
■	ネイビー(47)	400g	455g	480g	505g
□	オフホワイト(1)	50g	60g	65g	70g

Dメリヤス編みの編み込み図案

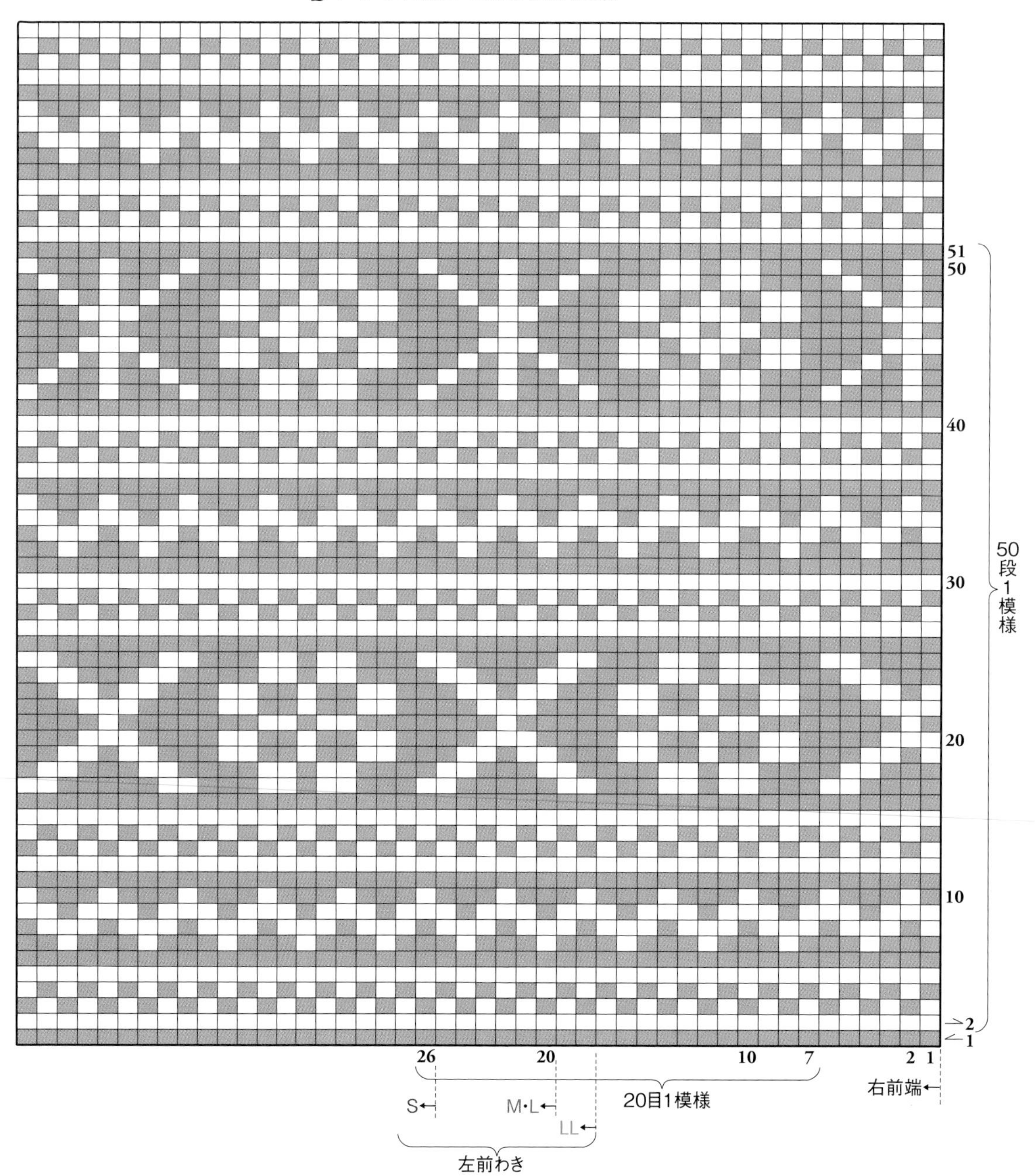

Мの配色と使用量

	色	S	M	L	LL
	ダークブラウン(89)	360g	400g	430g	450g
	ブルー(110)	30g	30g	35g	35g
	ダークオレンジ(118)	20g	23g	24g	26g
	オレンジ色(86)	11g	13g	14g	15g
	ライトグリーン(17)	11g	12g	14g	15g
	ライムイエロー(14)	11g	12g	14g	15g
	ダルグリーン(23)	10g	11g	12g	13g
	アクアブルー(22)	9g	10g	11g	12g
	グリーン(104)	4g	4g	5g	5g
	ライトベージュ(123)	2g	2g	3g	3g

Мメリヤス編みの編み込み図案

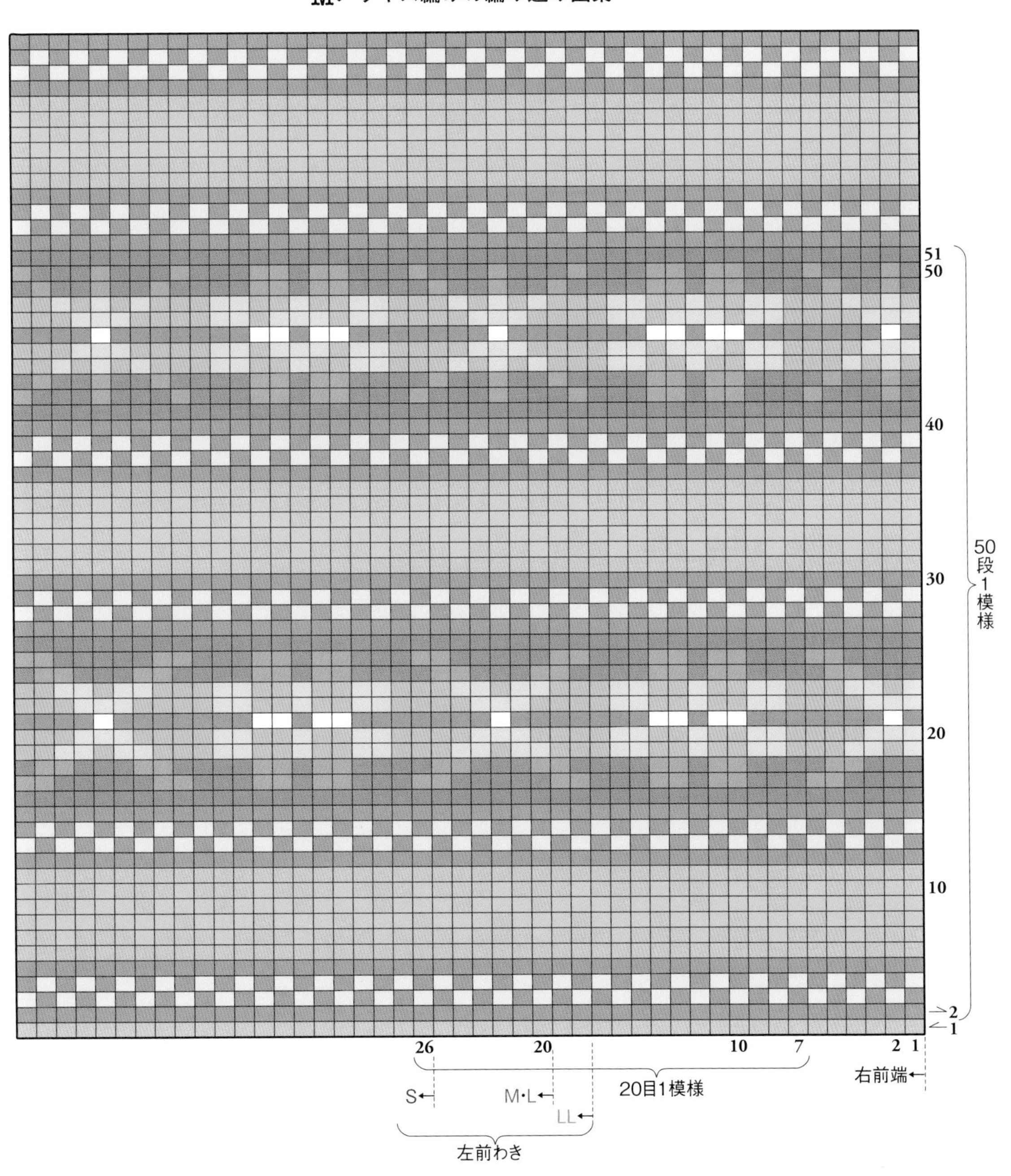

F チルデンベスト Photo:P.14

糸：ハマナカ メンズクラブマスター（50g玉巻）
　オフホワイト（22）S 380g M 420g L 460g LL 500g
　ネイビー（23）S 50g M 55g L 60g LL 65g
針：ハマナカアミアミ14号、12号玉付2本棒針
　12号4本棒針
ゲージ：メリヤス編み　14目18段＝10cm角
　模様編み　18.5目18段＝10cm角
サイズ：胸囲　S 122cm　M 128cm　L 134cm　LL 140cm
　着丈　S 63.5cm　M 66.5cm　L 69.5cm　LL 73cm
　ゆき　S 30.5cm　M 32cm　L 33.5cm　LL 35cm

編み方：糸は1本どりで、2目ゴム編みのしま以外は、オフホワイトで編みます。
前後身ごろは一般的な作り目をし、2目ゴム編みのしま①、メリヤス編み、模様編みで図のように編みます。肩をかぶせ引き抜きはぎにし、えりぐりから拾い目し、2目ゴム編みのしま②で輪に編み、2目ゴム編み止めにします。そでぐりから拾い目し、2目ゴム編みのしま③を往復に編んで2目ゴム編み止めにし、端を身ごろと目と段のはぎでつけます。わきをすくいとじにします。

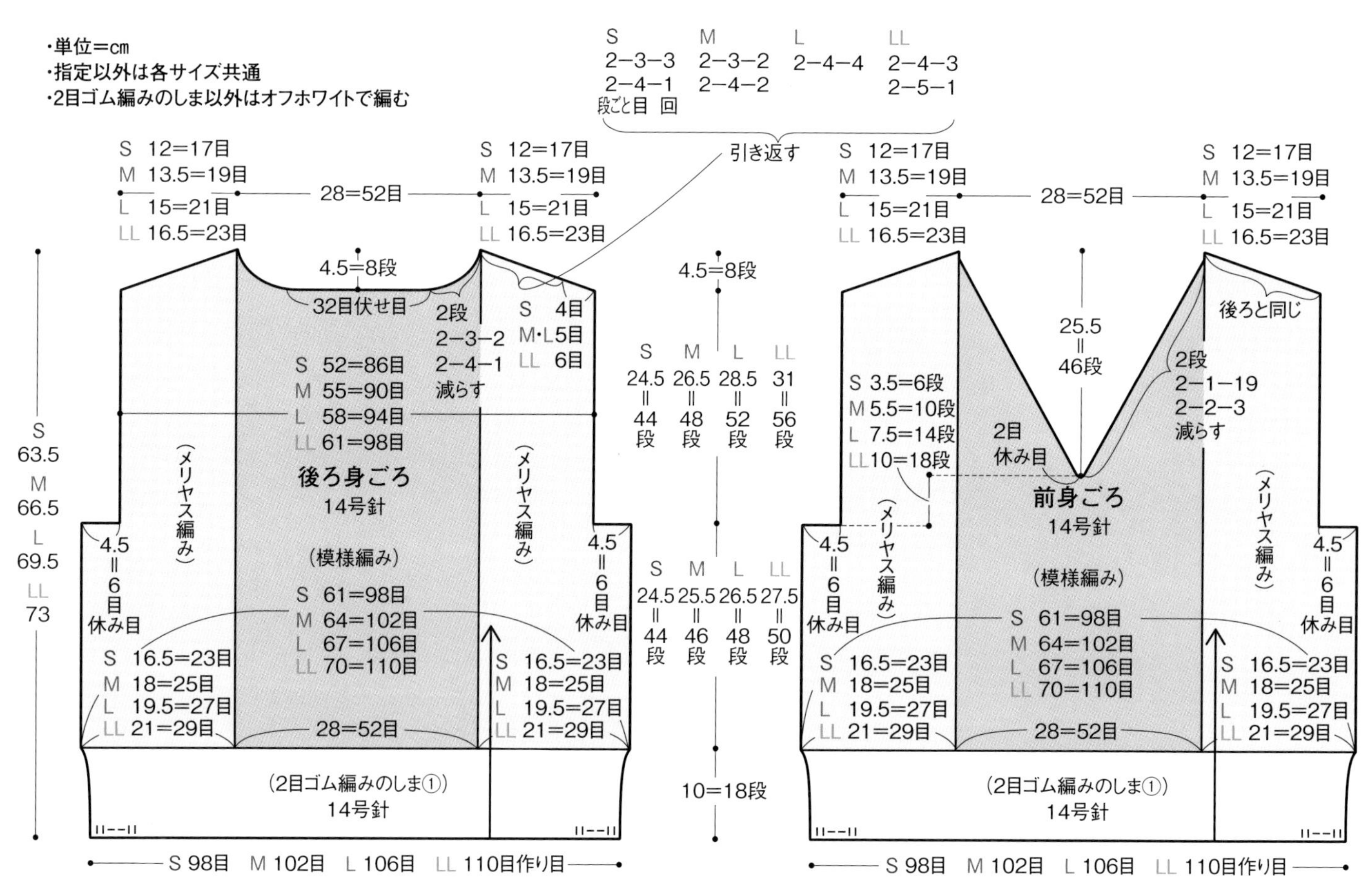

模様編み

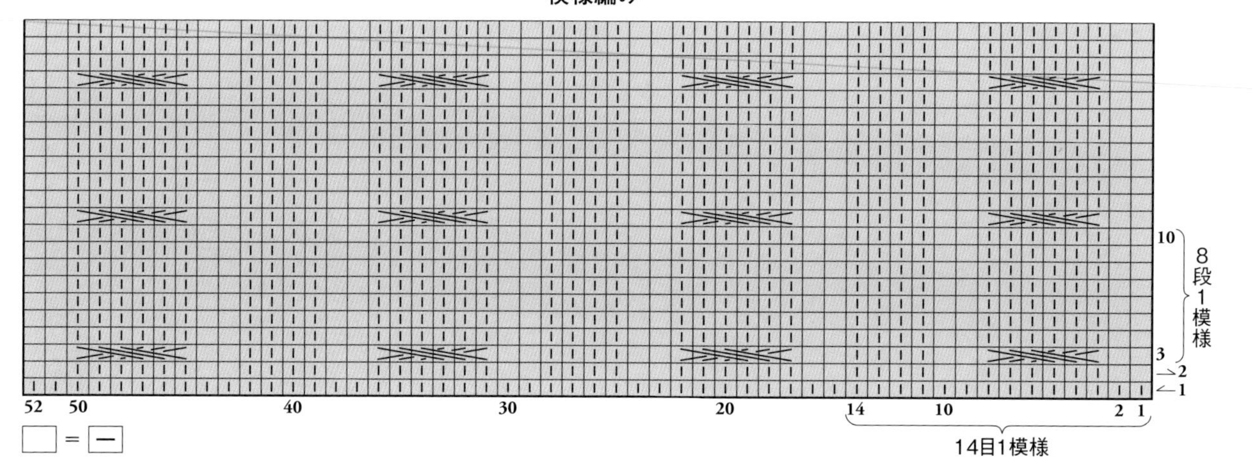

後ろ身ごろ
えりぐりの減らし方と肩の引き返し編みの編み方

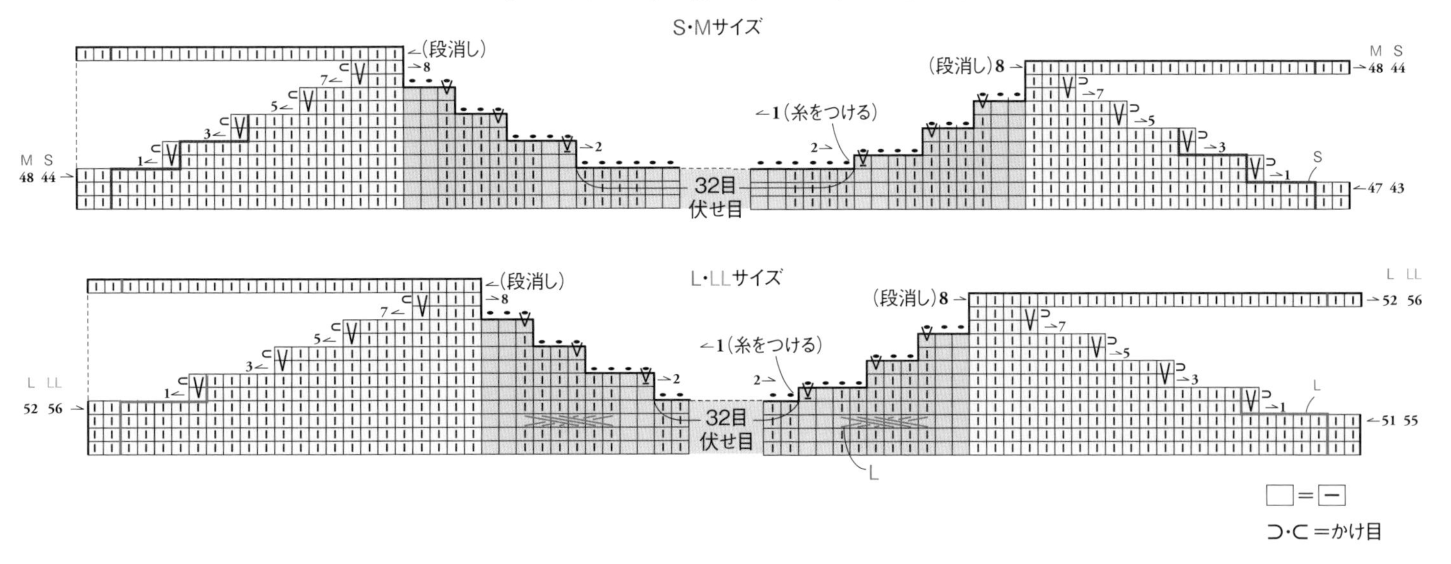

2目ゴム編みのしま①の配色

色	段数
(ネイビー)	4段
(オフホワイト)	2段
ネイビー	2段
オフホワイト	10段

2目ゴム編みのしま③の配色

色	段数
(ネイビー)	2段
オフホワイト	4段
ネイビー	2段

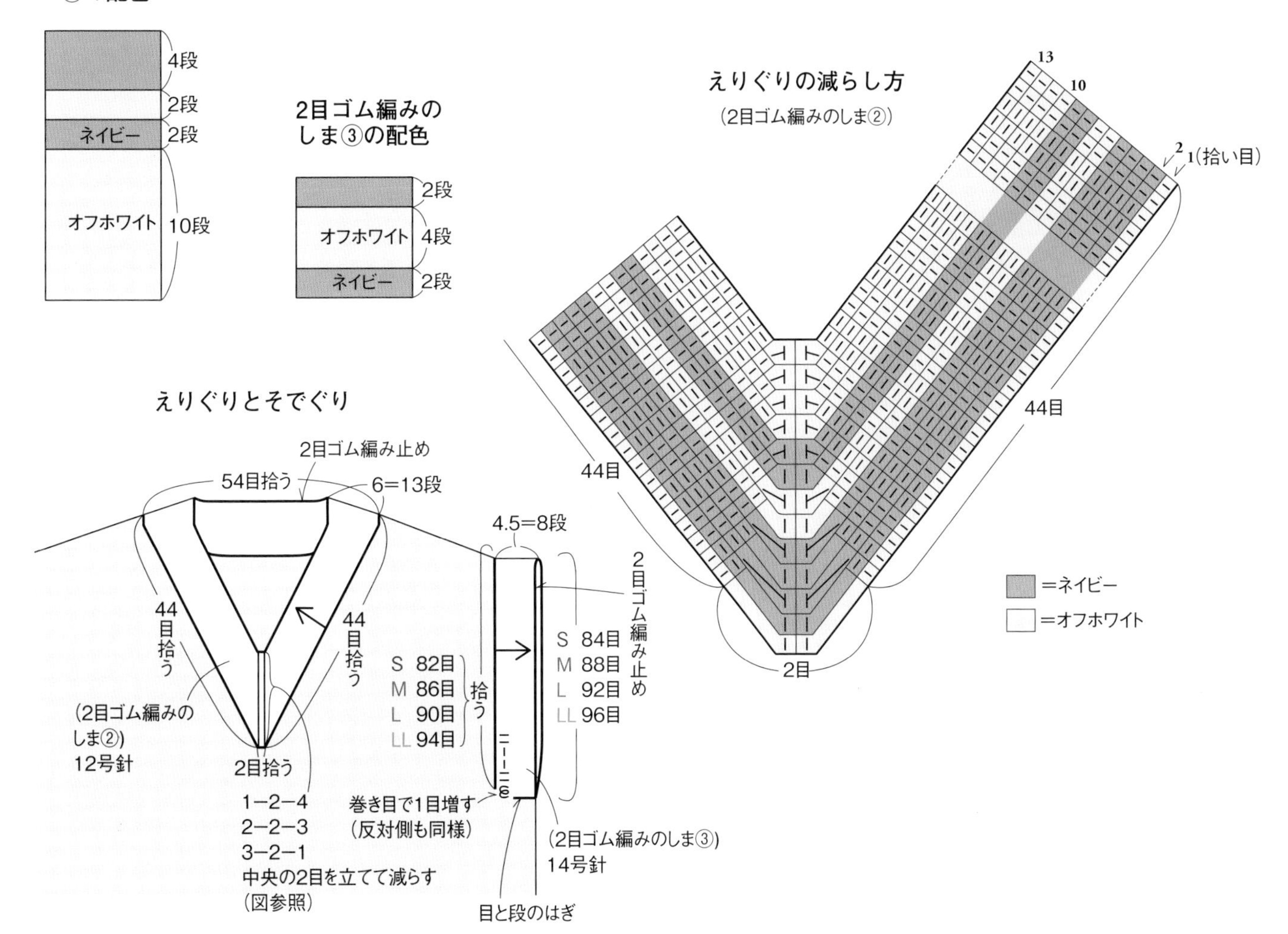

E キャップ　Photo:P.12

a

b

糸：ハマナカ 純毛中細（40g玉巻）
　a オリーブグリーン（40）　b ベージュ（2）
　M 95g　L 105g
針：ハマナカアミアミ5号4本棒針
ゲージ：模様編み　24目31段＝10cm角
サイズ：頭まわり M 48cm　L 52cm
　　深さ　M 23cm　L 25.5cm

編み方：糸は2本どりで編みます。
一般的な作り目で作り目して輪にし、2目ゴム編みを編みます。続けて模様編みを編み、トップを図のように減らし、残った目に糸を通して絞ります。2目ゴム編みを内側に折り、まつります。

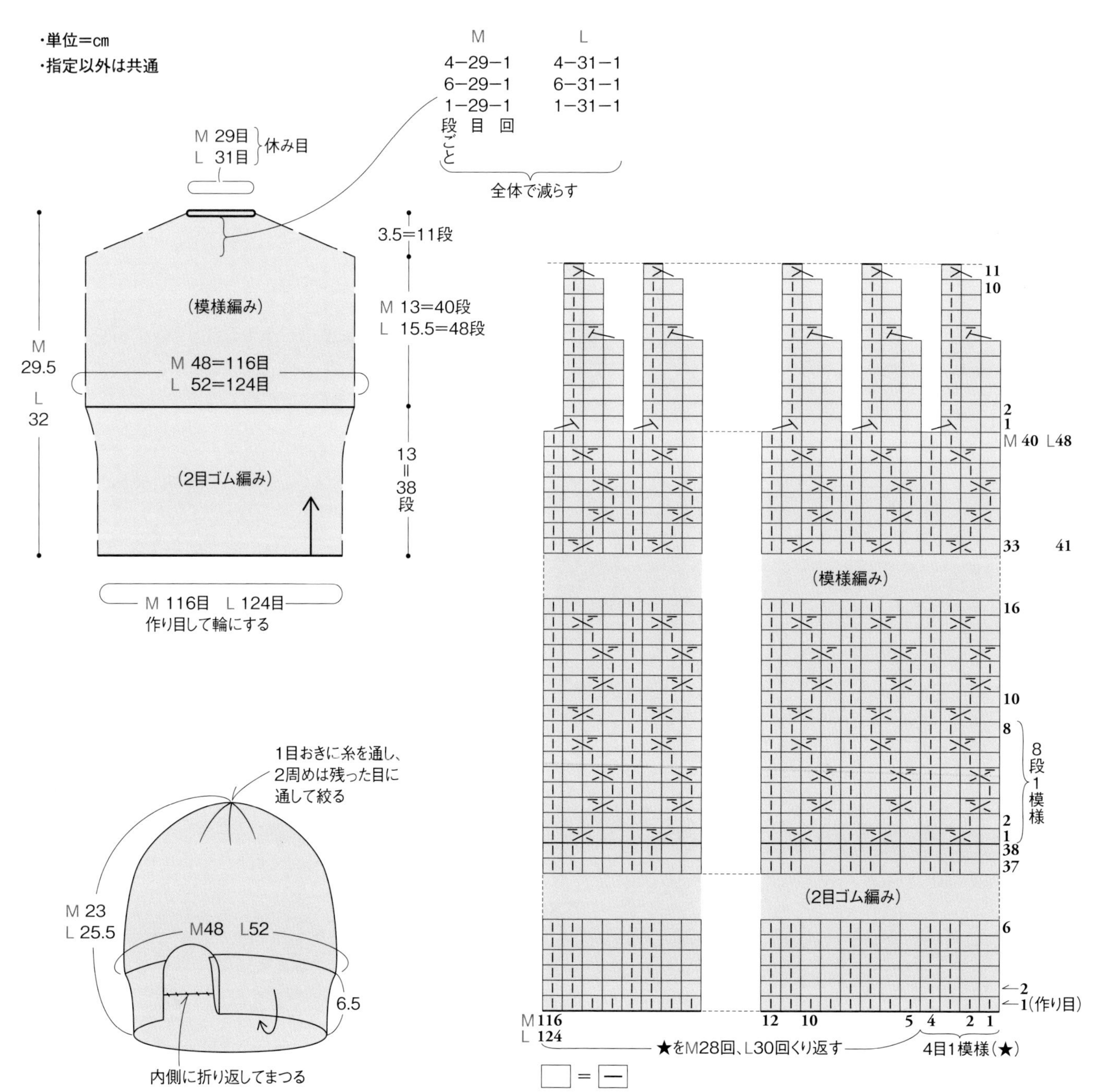

G バイカラーのセーター Photo:P.16

a

b

糸：ハマナカ アメリー（40g玉巻）
　a A色 ブルーグリーン（12）
　　B色 ピーコックグリーン（47）
　b A色 チャコールグレー（30）
　　B色 ピュアブラック（52）
　　S　A色365g　B色80g
　　M　A色380g　B色85g
　　L　A色410g　B色90g
　　LL　A色450g　B色95g

針：ハマナカアミアミ6号80cm輪針 ※輪針で往復に編む
　4号玉付2本棒針　4号4本棒針

ゲージ：メリヤス編み　21目29.5段＝10cm角

サイズ：胸囲　S 104cm　M 108cm　L 112cm　LL 120cm
　着丈　S 63.5cm　M 66.5cm　L 69cm　LL 72.5cm
　ゆき　S 80cm　M 83cm　L 84.5cm　LL 87.5cm

編み方：糸は1本どりで、身ごろ、そではA色、ヨーク、えりぐり、そで口はB色で編みます。
右ヨークは一般的な作り目をし、メリヤス編みと裏メリヤス編みでそで口から中央に向かって図のように編み、編み終わりは伏せ止めます。左ヨークは対称に編みますが、編み終わりは休み目にします。左右ヨークの中央をメリヤスはぎにします。後ろ身ごろ、そではヨークから拾い目し、メリヤス編みで図のように編み、すそに2目ゴム編みを編んで2目ゴム編み止めにします。前身ごろも同様に編みますが、えりぐり部分は、くさり編みで作り目をします。そで下をメリヤスはぎ、わきをすくいとじにし、えりぐり、そで口は拾い目して輪にし、2目ゴム編みを編み、2目ゴム編み止めにします。

・単位＝cm
・指定以外は各サイズ共通

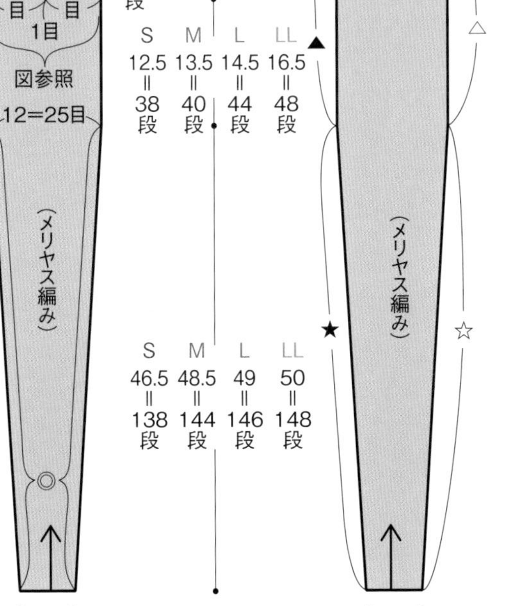

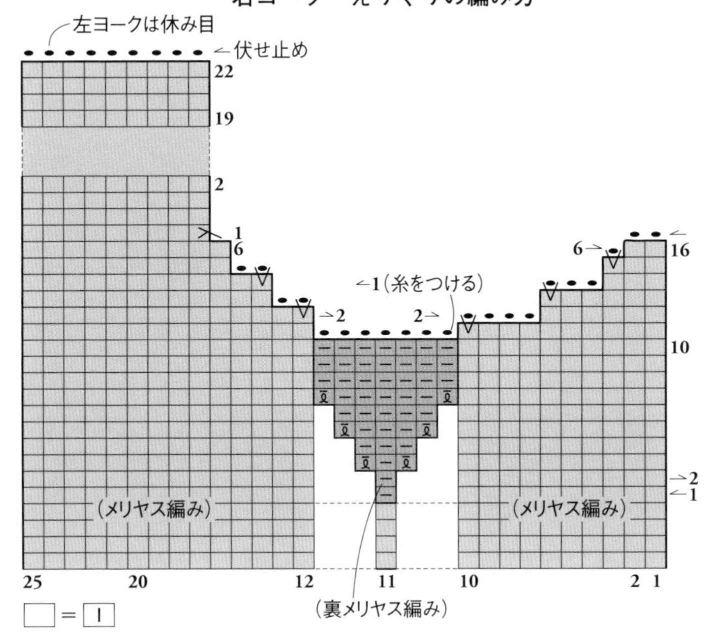

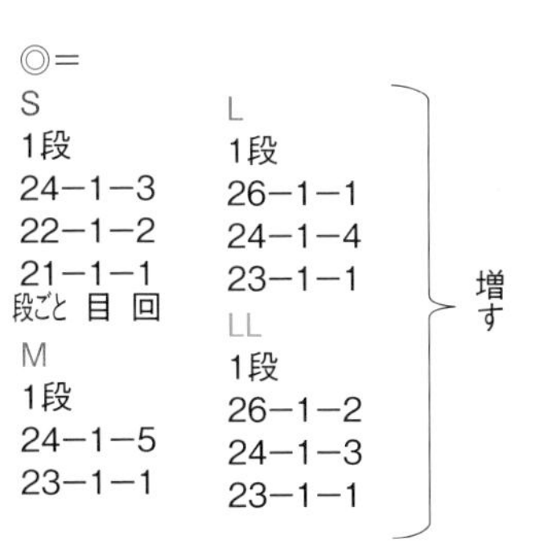

次ページへ続く

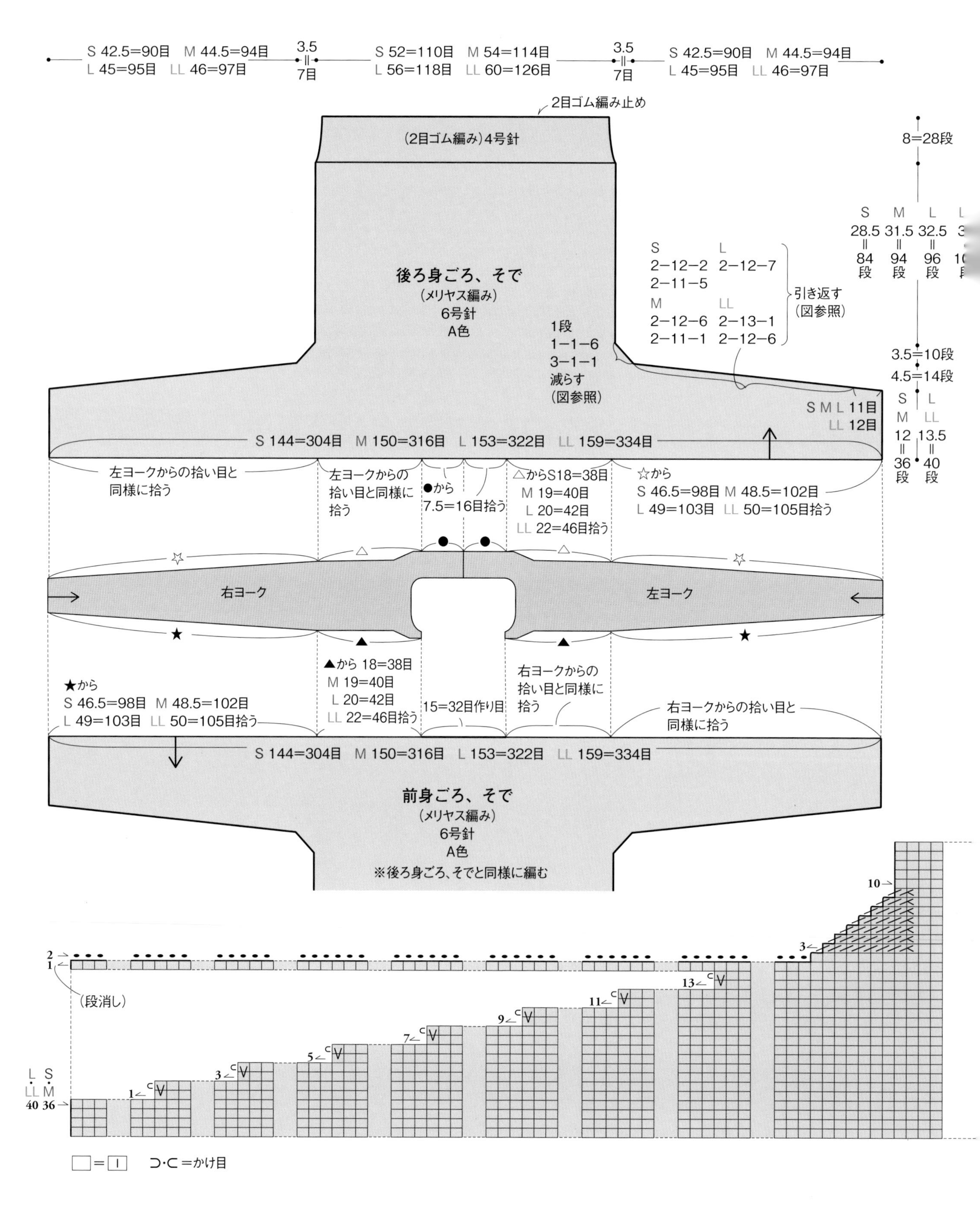

S 42.5=90目 M 44.5=94目
L 45=95目 LL 46=97目
3.5 = 7目
S 52=110目 M 54=114目
L 56=118目 LL 60=126目
3.5 = 7目
S 42.5=90目 M 44.5=94目
L 45=95目 LL 46=97目
2目ゴム編み止め
(2目ゴム編み)4号針
8=28段
後ろ身ごろ、そで
(メリヤス編み)
6号針
A色
S M L
28.5=84段 31.5=94段 32.5=96段
S 2-12-2 2-11-5
L 2-12-7
M 2-12-6 2-11-1
LL 2-13-1 2-12-6
引き返す
(図参照)
1段
1-1-6
3-1-1
減らす
(図参照)
3.5=10段
4.5=14段
S M L 11目
LL 12目
S M 12=36段
L LL 13.5=40段
S 144=304目 M 150=316目 L 153=322目 LL 159=334目
左ヨークからの拾い目と同様に拾う
左ヨークからの拾い目と同様に拾う
●から 7.5=16目拾う
△からS18=38目 M 19=40目 L 20=42目 LL 22=46目拾う
☆から S 46.5=98目 M 48.5=102目 L 49=103目 LL 50=105目拾う
右ヨーク
左ヨーク
★から S 46.5=98目 M 48.5=102目 L 49=103目 LL 50=105目拾う
▲から 18=38目 M 19=40目 L 20=42目 LL 22=46目拾う
15=32目作り目
右ヨークからの拾い目と同様に拾う
右ヨークからの拾い目と同様に拾う
S 144=304目 M 150=316目 L 153=322目 LL 159=334目
前身ごろ、そで
(メリヤス編み)
6号針
A色
※後ろ身ごろ、そでと同様に編む
(段消し)
L S
LL M
40 36
□=□ ⊃・⊂=かけ目

えりぐり、そで口

(2目ゴム編み)4号針
B色

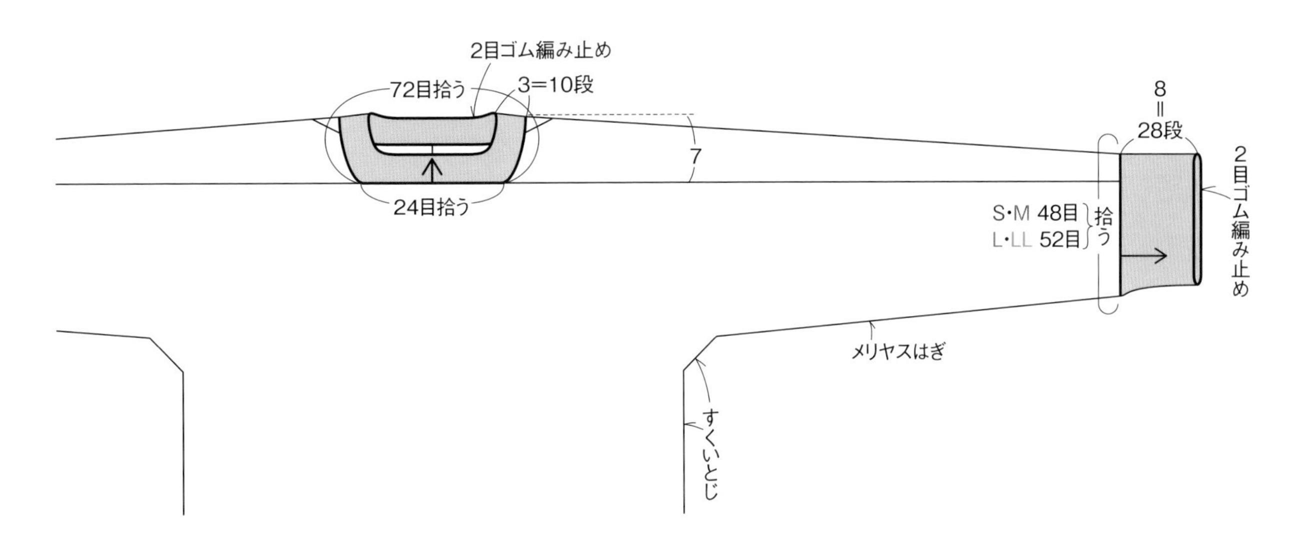

そで下の引き返し編みと減らし目の編み方

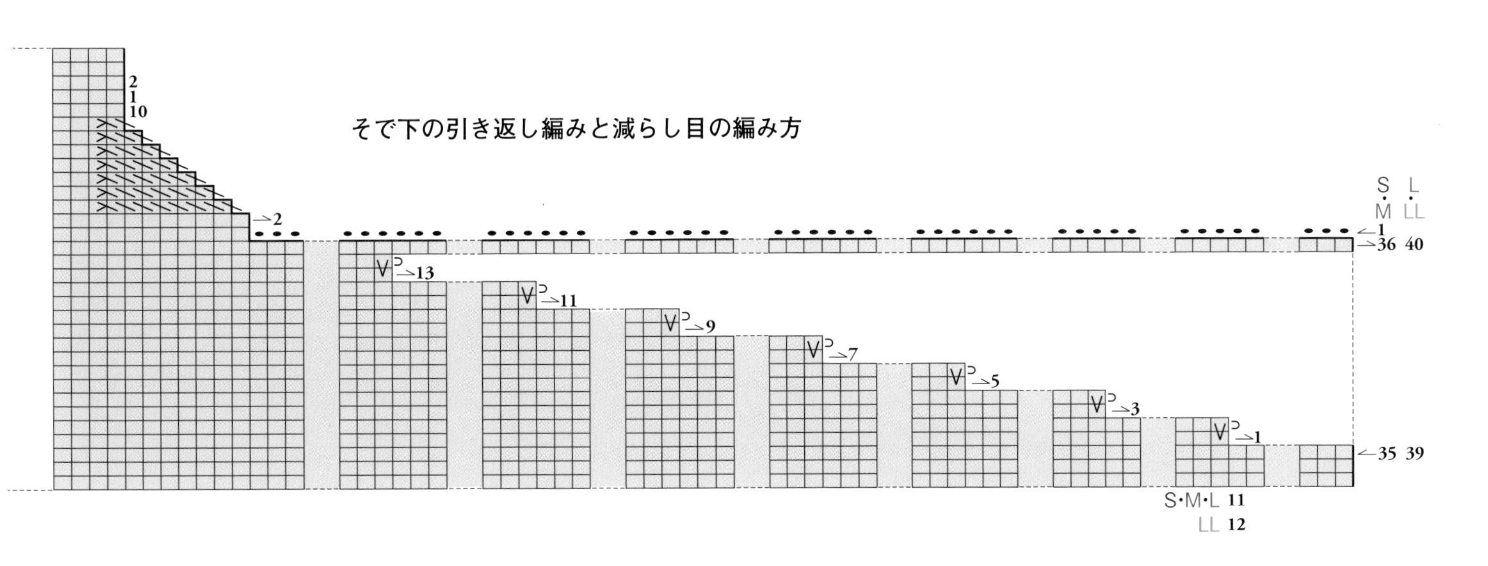

H アームウォーマー Photo:P.18

糸：ハマナカ ソノモノ ツィード（40g玉巻）
　　ベージュ（72）M 55g L 65g
針：ハマナカアミアミ5号、4号短・5本棒針
ゲージ：メリヤス編み　21目26段＝10cm角
　　　　模様編み　27目26段＝10cm角
サイズ：手のひらまわり　M 19cm L 20cm
　　　　丈　M 26cm L 29cm

編み方：（ ）内はLサイズ。糸は1本どりで編みます。
右手を編みます。一般的な作り目で44目（48目）を作り目して輪にし、1目ゴム編みを編みます。続けてメリヤス編みと模様編みで39段（45段）編んだら、親指穴の位置に別糸を編み込み、52段め（60段め）まで編みます。1目ゴム編みを編み、編み終わりを伏せ止めにします。親指は別糸をほどいて14目拾い目し、メリヤス編みで編んで伏せ止めます。左手は右手と対称に編みます。

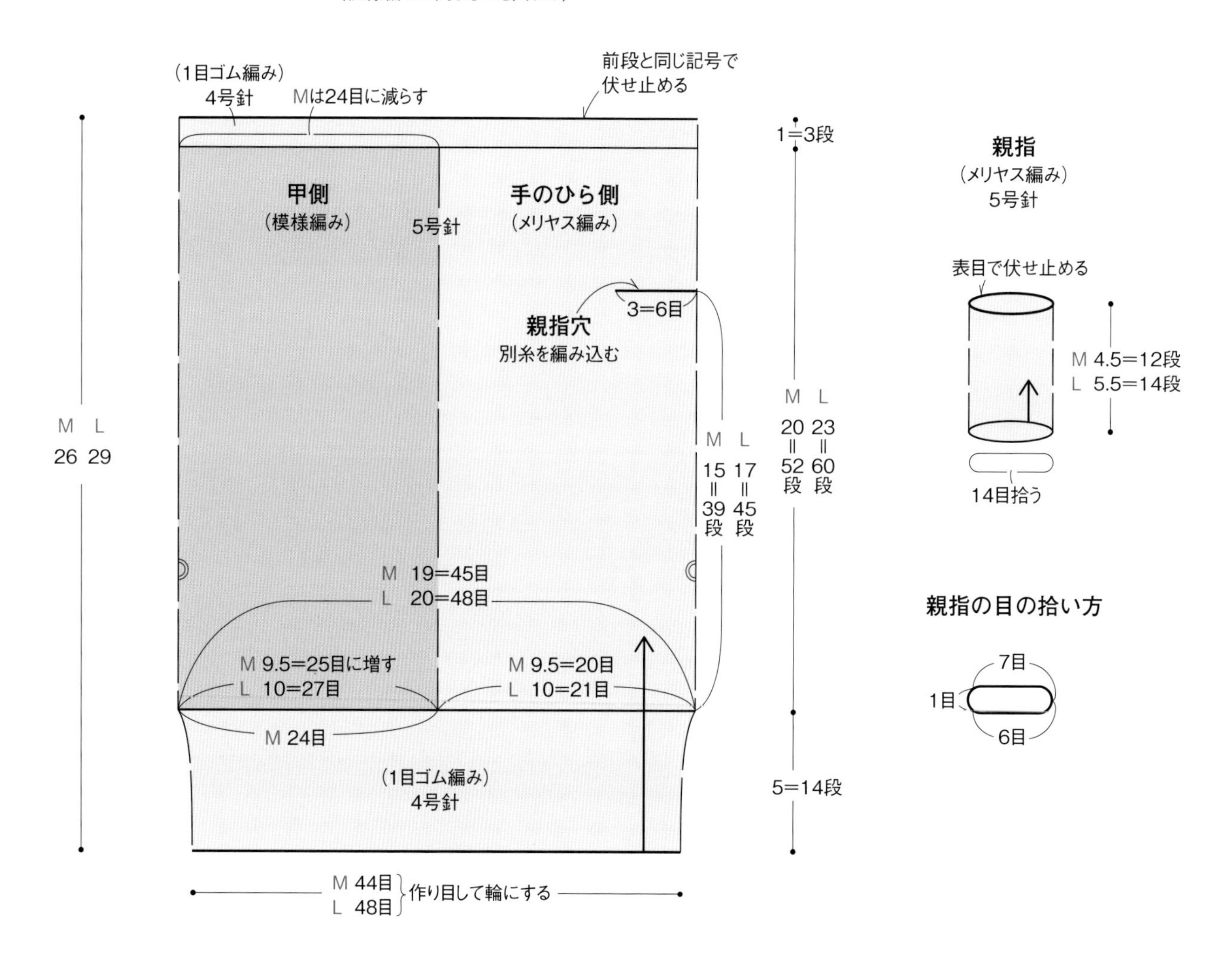

右手の編み方

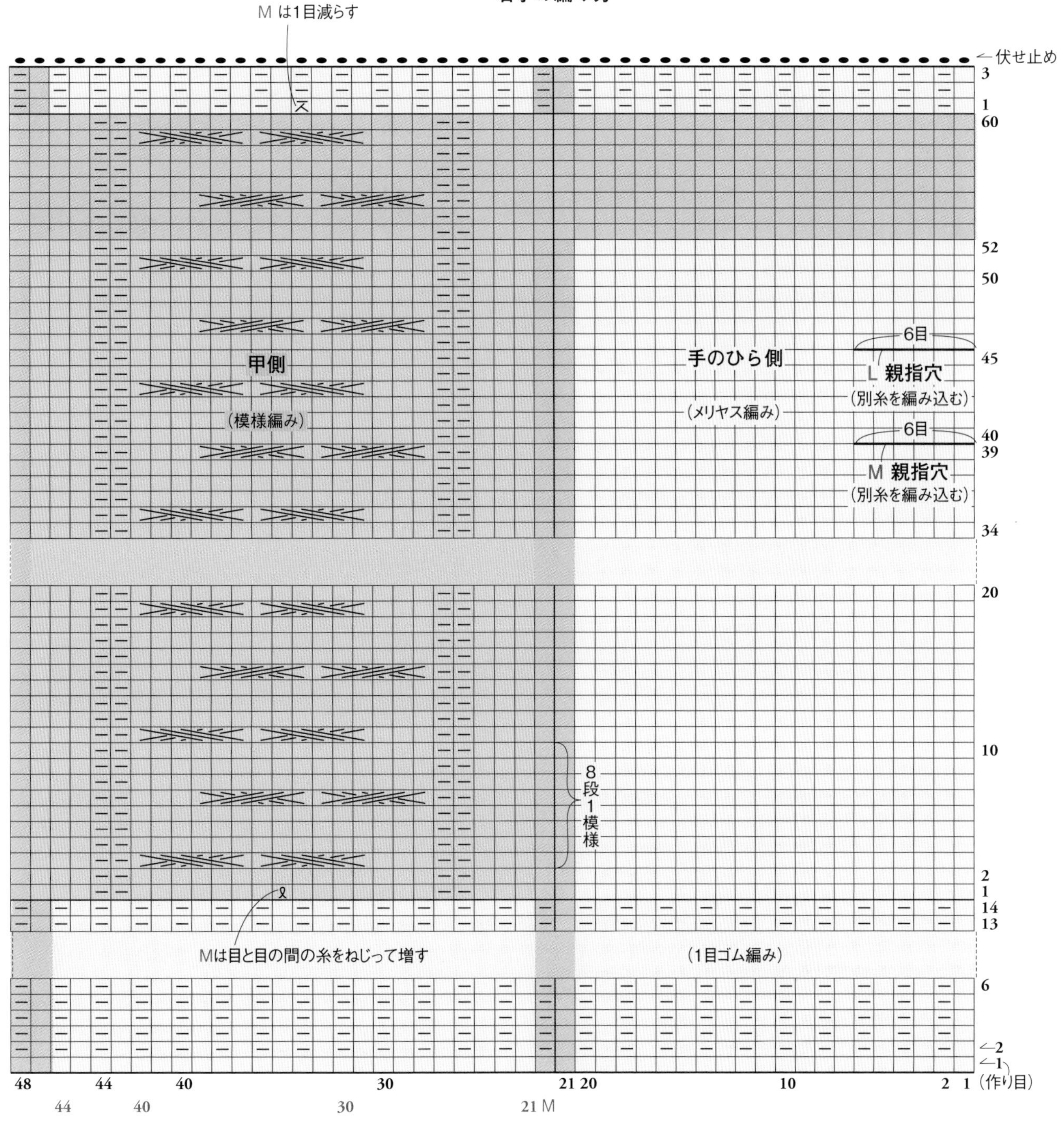
Mは1目減らす
伏せ止め
3
1
60
52
50
甲側
(模様編み)
手のひら側
(メリヤス編み)
6目
L 親指穴
(別糸を編み込む)
6目
M 親指穴
(別糸を編み込む)
45
40
39
34
20
10
8段1模様
2
1
14
13
Mは目と目の間の糸をねじって増す
(1目ゴム編み)
6
2
1
(作り目)
48 44 40 30 21 20 10 2 1
44 40 30 21 M

□ = |

=Mは編まない

H 手袋 Photo:P.18

糸：ハマナカ ソノモノ ツィード（40g玉巻）
グレー（74）M 50g L 60g
針：ハマナカアミアミ5号、4号短・5本棒針
ゲージ：メリヤス編み　21目26段＝10cm角
模様編み　27目26段＝10cm角
サイズ：手のひらまわり　M 19cm　L 20cm
丈　M 25cm　L 28.5cm

編み方：（ ）内はLサイズ。糸は1本どりで編みます。
右手を編みます。一般的な作り目で44目（48目）を作り目し、1目ゴム編みを編みます。続けてメリヤス編みと模様編みで20段（26段）編んだら、親指穴の位置に別糸を編み込み、32段め（40段め）まで編みます。指は人さし指、中指、くすり指、小指の順に編みます。図のように拾い目してメリヤス編みで増減なく編み、最終段の目に糸を通して絞ります。親指は別糸をほどいて14目拾い目し、メリヤス編みで編んで最終段の目に糸を通して絞ります。左手は右手と対称に編みます。

・単位＝cm
・指定以外はM、L共通

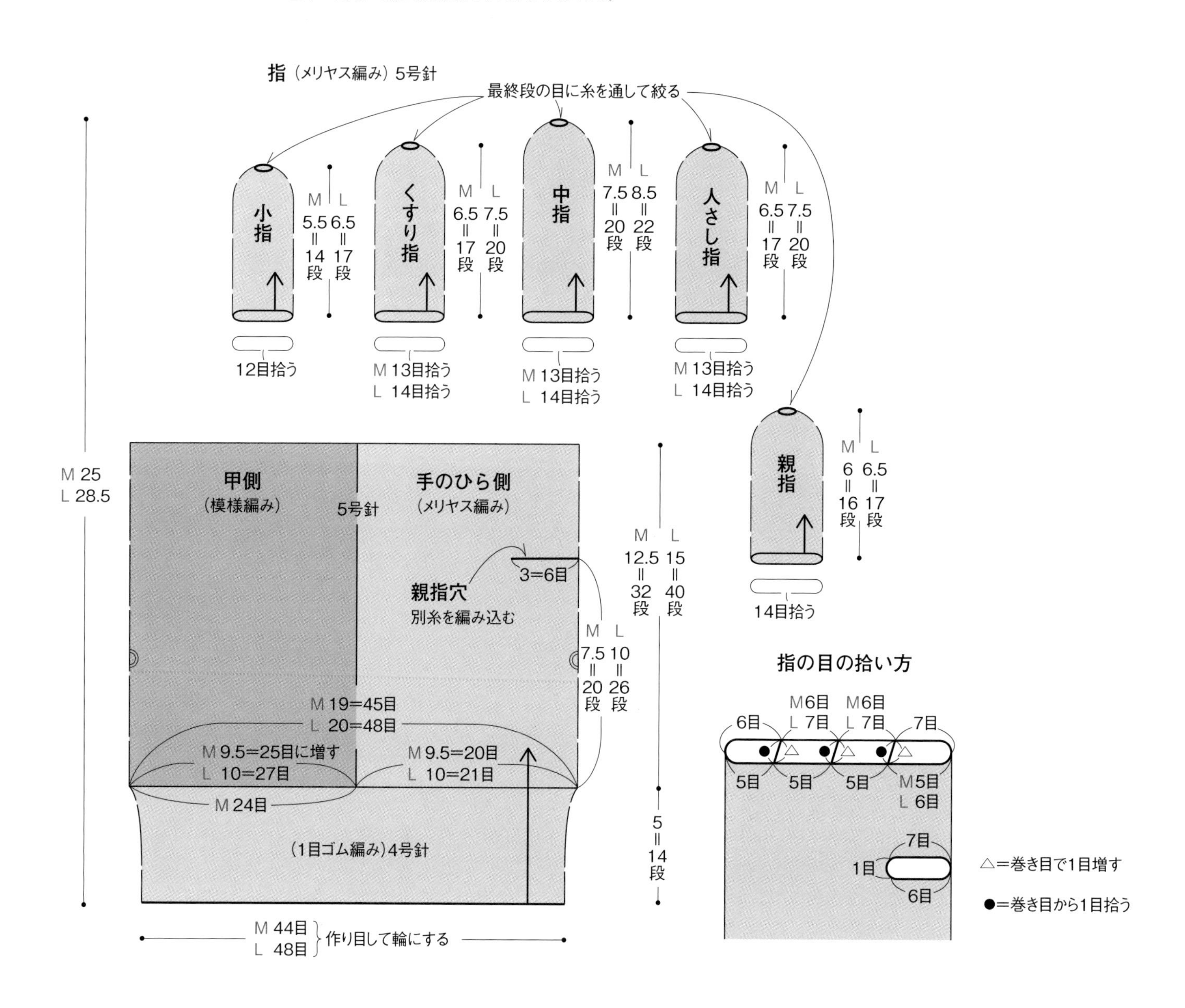

右手の編み方

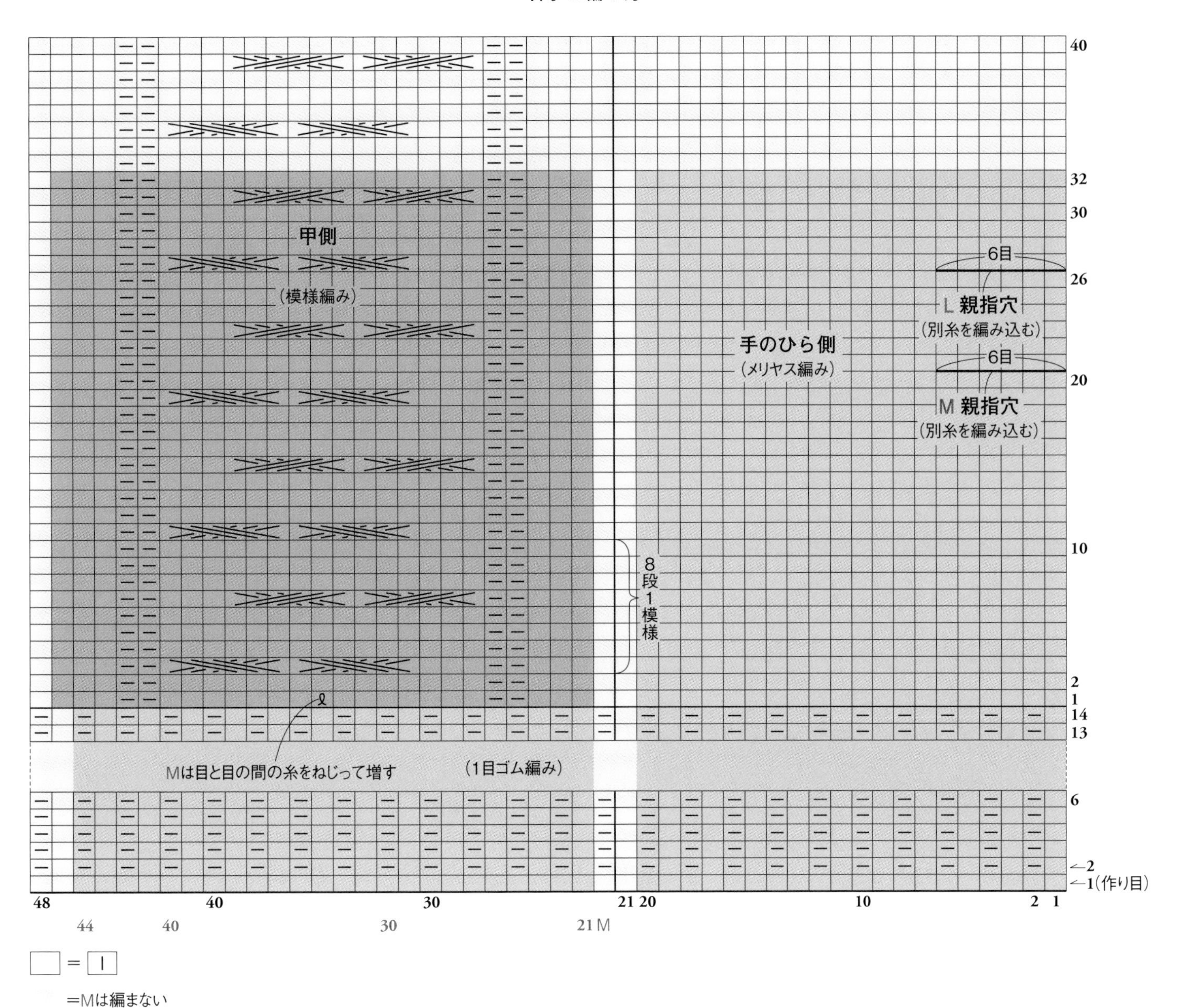

指の目の増し方 ※人さし指で解説しています。わかりやすいよう、糸をかえています。

1 人さし指の目を針に残し、残りは別糸やほつれ止めで休ませる。

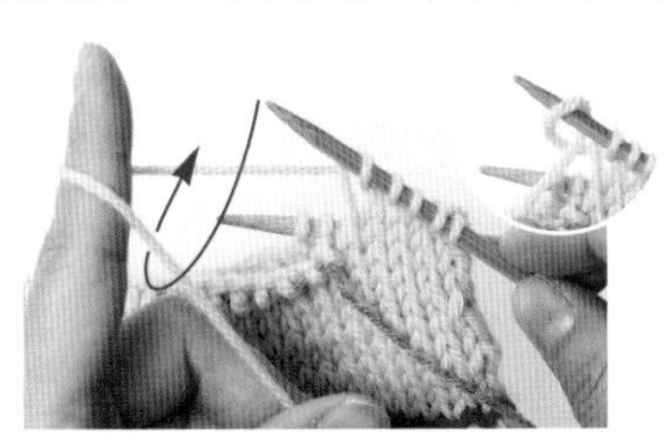

2 手のひら側の目を編み、甲側を編む前に巻き目で1目増す。

3 続けて甲側の目を編み、目を3本の針に分ける。

4 2段めからは増減なく編む。中指を編むときは、巻き目から1目拾って編む。

I アラン模様のカーディガン Photo:P.20

a

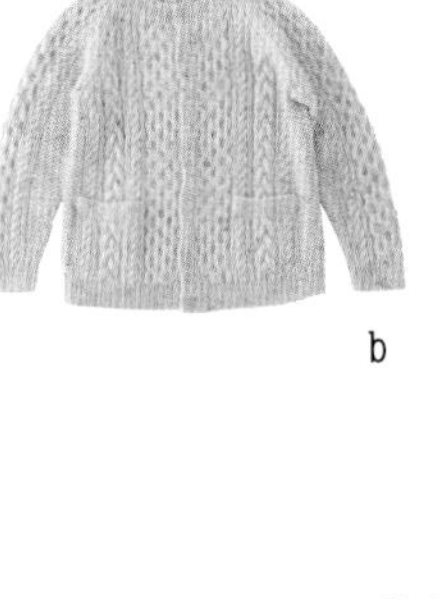
b

糸： ハマナカ アランツィード（40g玉巻）
a グレー（3） b オフホワイト（1）
S 550g M 610g L 670g LL 730g
針：ハマナカアミアミ10号、7号玉付2本棒針
その他：直径1.8cmのボタン7個
ゲージ：かのこ編み、①模様編み 22目22段＝10cm角
②模様編み 25目22段＝10cm角
サイズ：胸囲 S 99.5cm M 103.5cm
L 107.5cm LL 111.5cm
着丈 S 59.5cm M 64cm L 66cm LL 69.5cm
ゆき S 74cm M 77.5cm L 80cm LL 82.5cm

編み方：糸は1本どりで編みます。
前後身ごろ、そではあとでほどく作り目をし、かのこ編み、①、②模様編みで編みますが、前身ごろのポケット位置には別糸を編み込んでおきます。作り目をほどき、すそとそで口に1目ゴム編みを編んで1目ゴム編み止めにします。ポケット位置の別糸を抜き、ポケット口を1目ゴム編みで編んで1目ゴム編み止めにし、ポケット裏はメリヤス編みで編んで伏せ止めにします。ポケット口は身ごろにすくいとじし、ポケット裏は裏側にまつりつけます。ラグラン線をメリヤスはぎとすくいとじでとじ合わせ、わきをすくいとじにします。前立てえりは左右別々に1目ゴム編みの作り目をし、上前にボタン穴をあけながら1目ゴム編みで編み、続けてえりを拾い目して前立てと続けて編み、編み終わりは1目ゴム編み止めにします。前立てをすくいとじでつけ、ボタンをつけます。

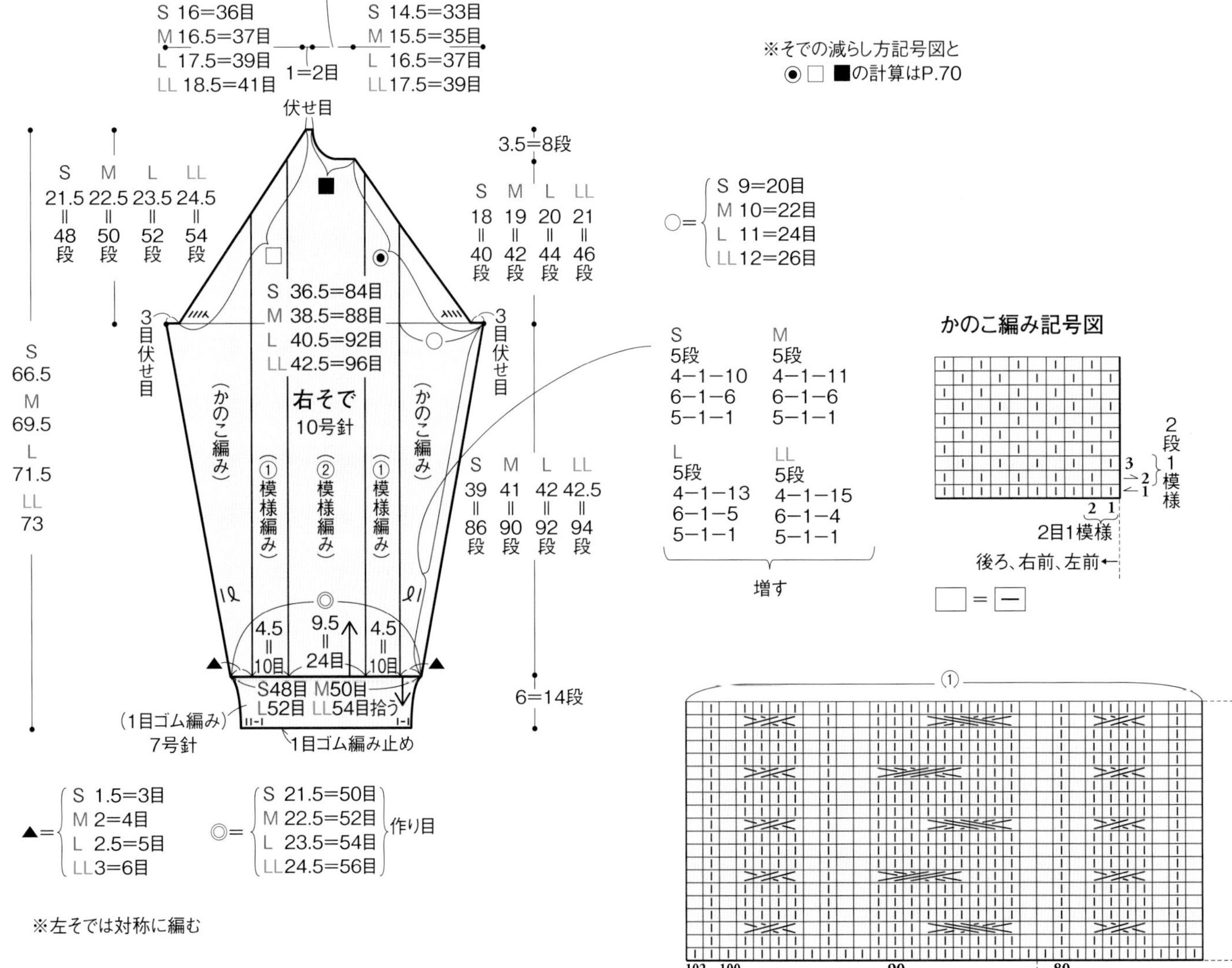

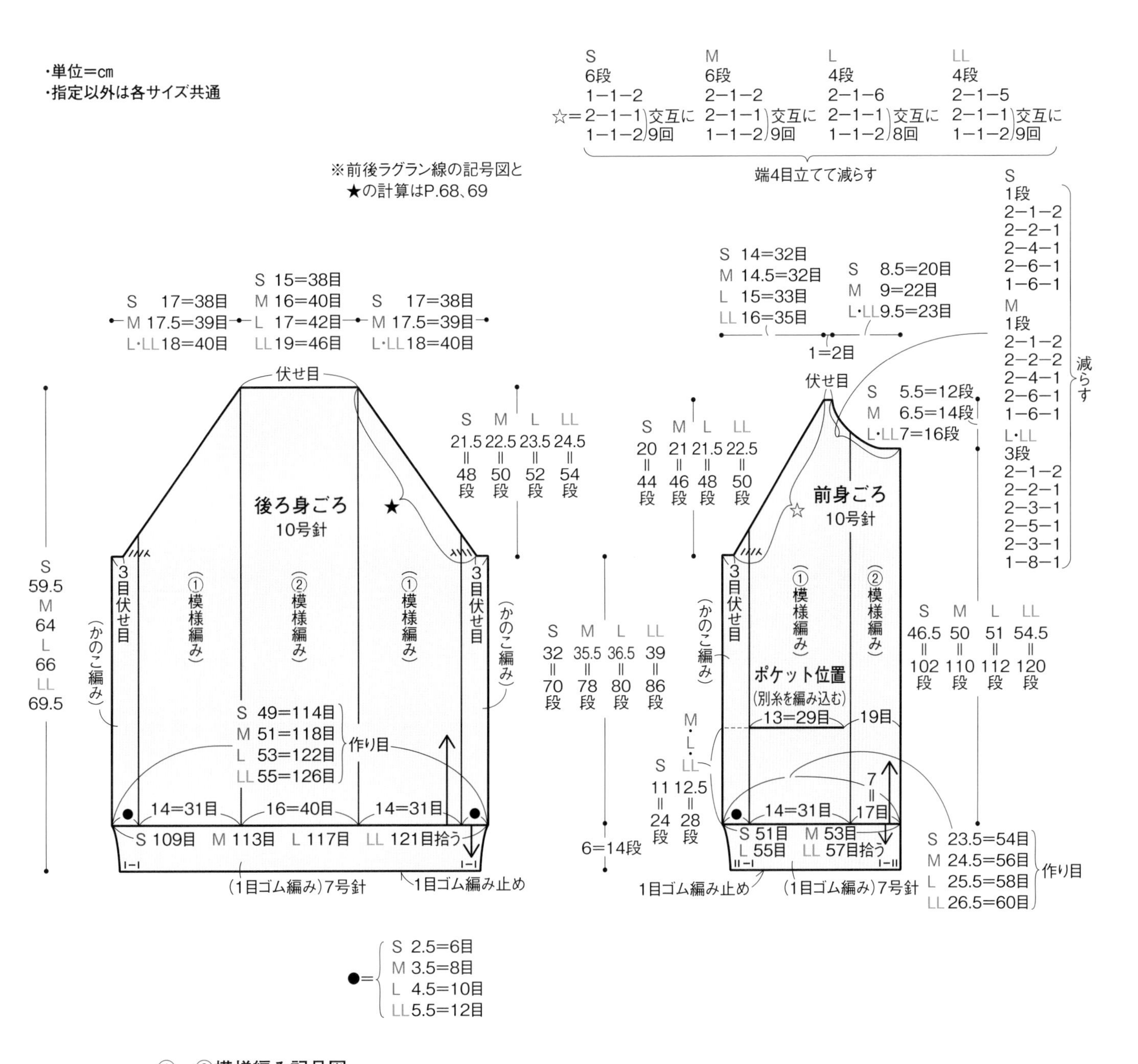

①、②模様編み記号図

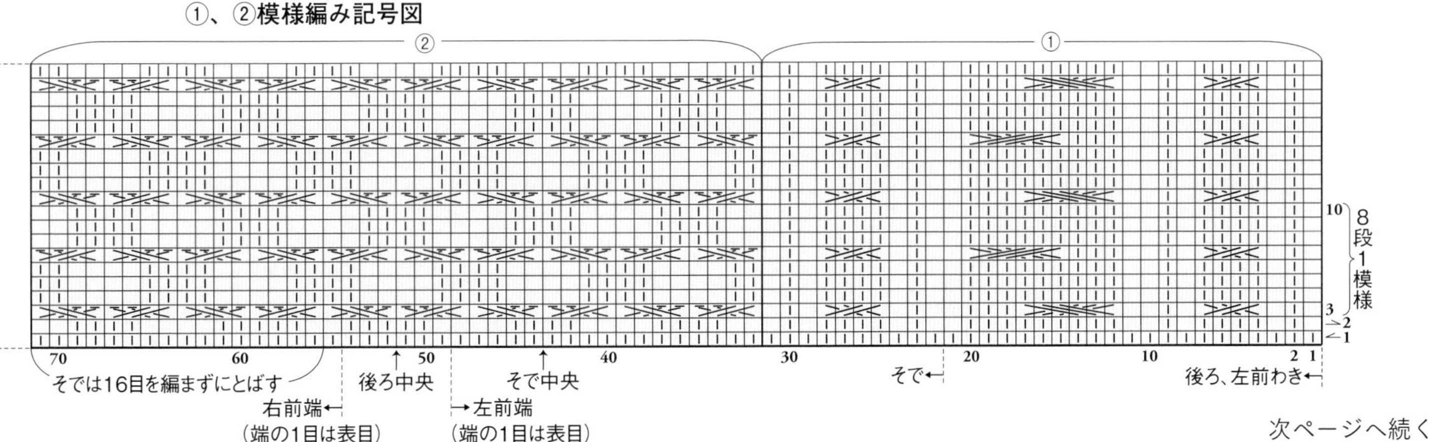

次ページへ続く

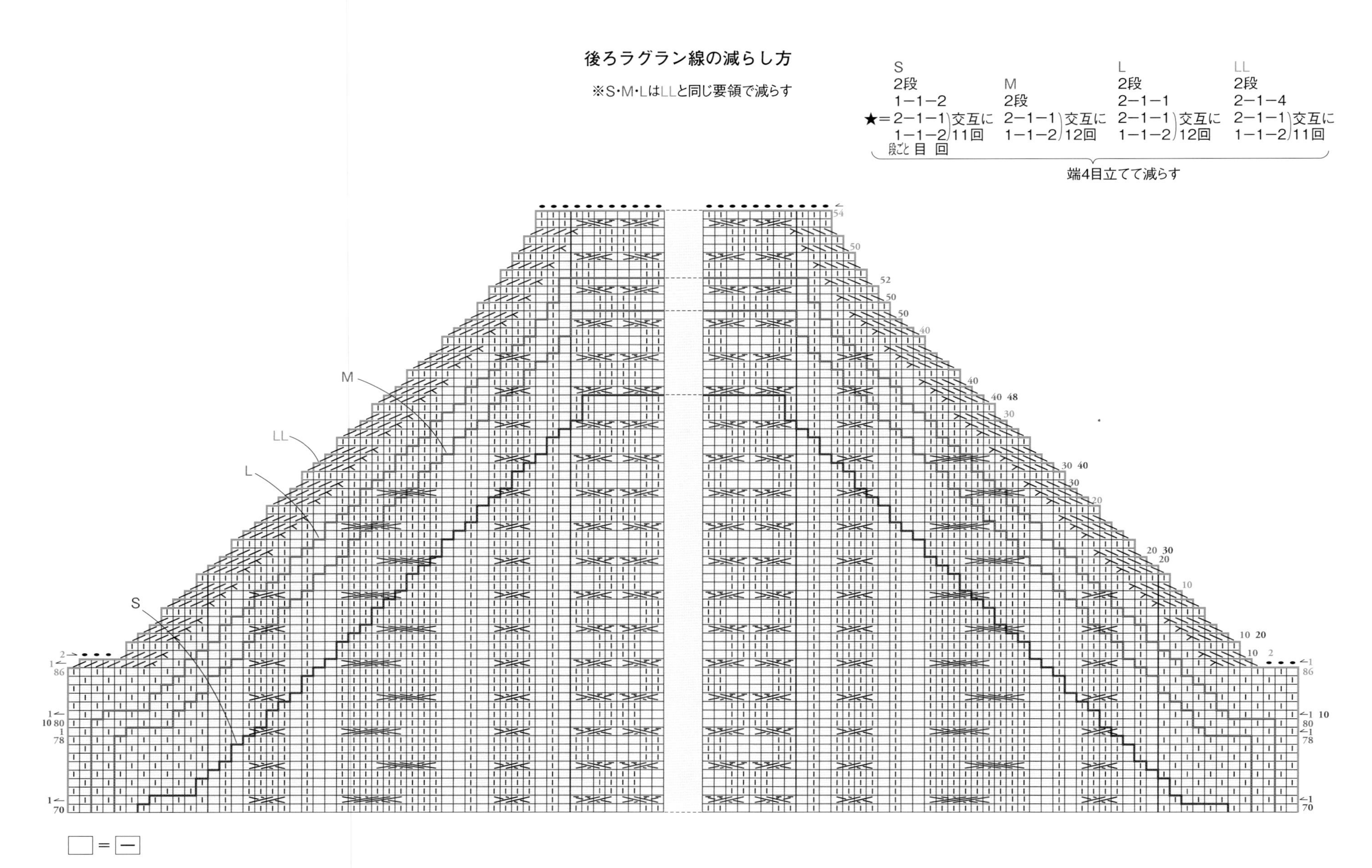
後ろラグラン線の減らし方
※S・M・LはLLと同じ要領で減らす
S
2段
1−1−2
★＝2−1−1 1−1−2 交互に11回
段ごと 目 回
M
2段
2−1−1 1−1−2 交互に12回
L
2段
2−1−1
2−1−1 1−1−2 交互に12回
LL
2段
2−1−4
2−1−1 1−1−2 交互に11回
端4目立てて減らす
S
M
L
LL

前身ごろのラグラン線とえりぐりの減らし方

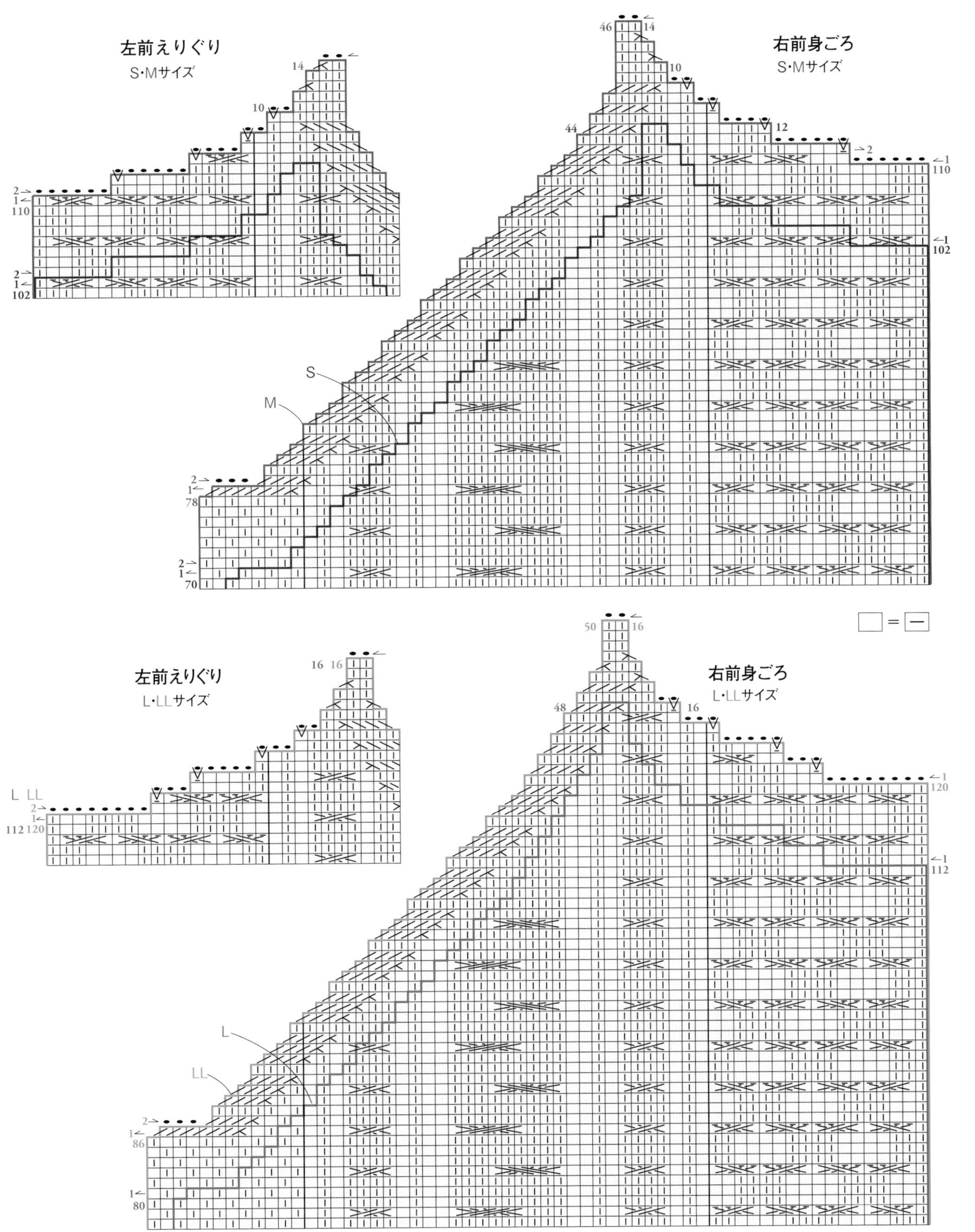

次ページへ続く

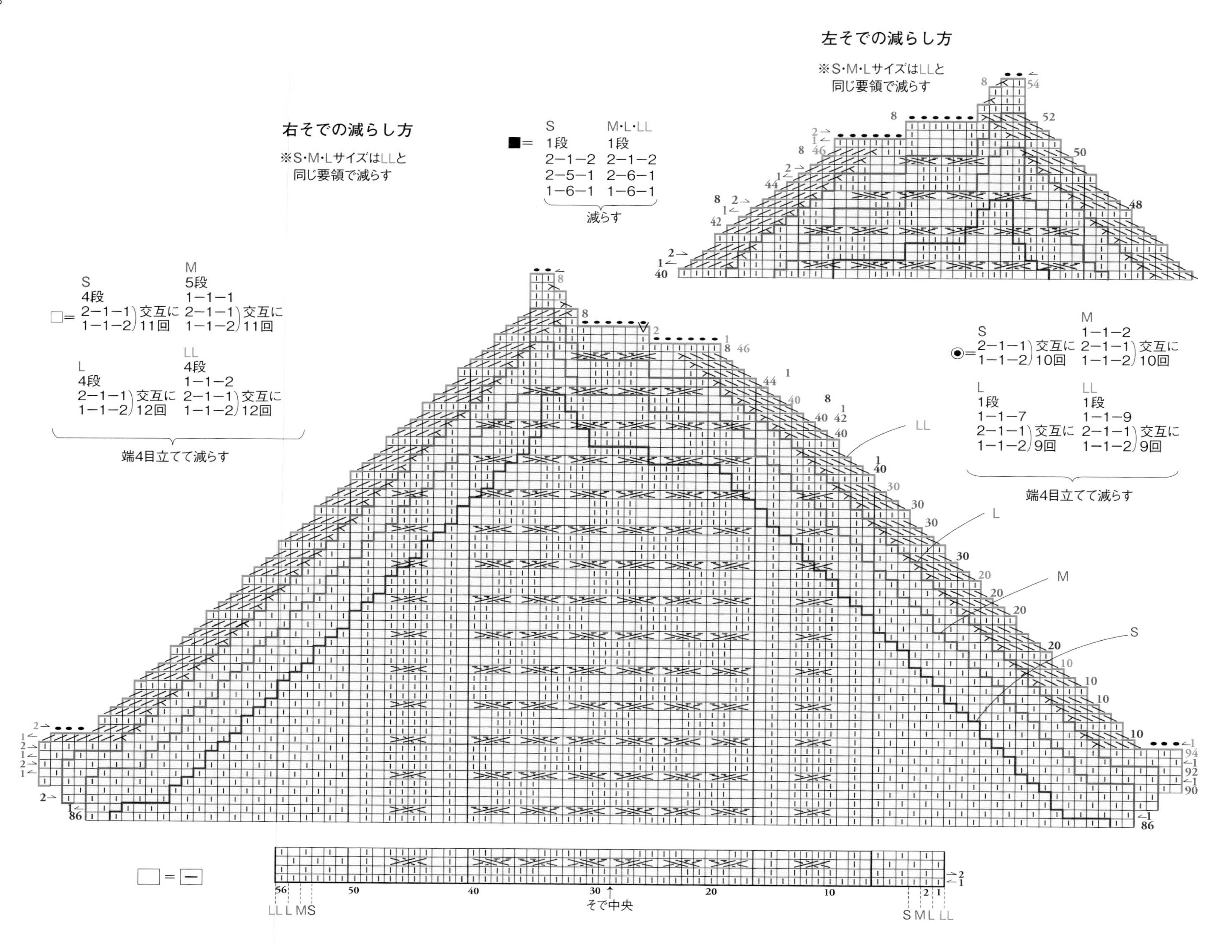

右そでの減らし方
※S・M・Lサイズは LL と同じ要領で減らす
左そでの減らし方
※S・M・Lサイズは LL と同じ要領で減らす
■＝ S 1段 2−1−2 2−5−1 1−6−1
M・L・LL 1段 2−1−2 2−6−1 1−6−1
減らす
□＝ S 4段 2−1−1 1−1−2 交互に11回
M 5段 1−1−1 2−1−1 1−1−2 交互に11回
L 4段 2−1−1 1−1−2 交互に12回
LL 4段 1−1−2 2−1−1 1−1−2 交互に12回
端4目立てて減らす
◉＝ S 2−1−1 1−1−2 交互に10回
M 1−1−2 2−1−1 1−1−2 交互に10回
L 1段 1−1−7 2−1−1 1−1−2 交互に9回
LL 1段 1−1−9 2−1−1 1−1−2 交互に9回
端4目立てて減らす
□＝ —
そで中央
S M L LL

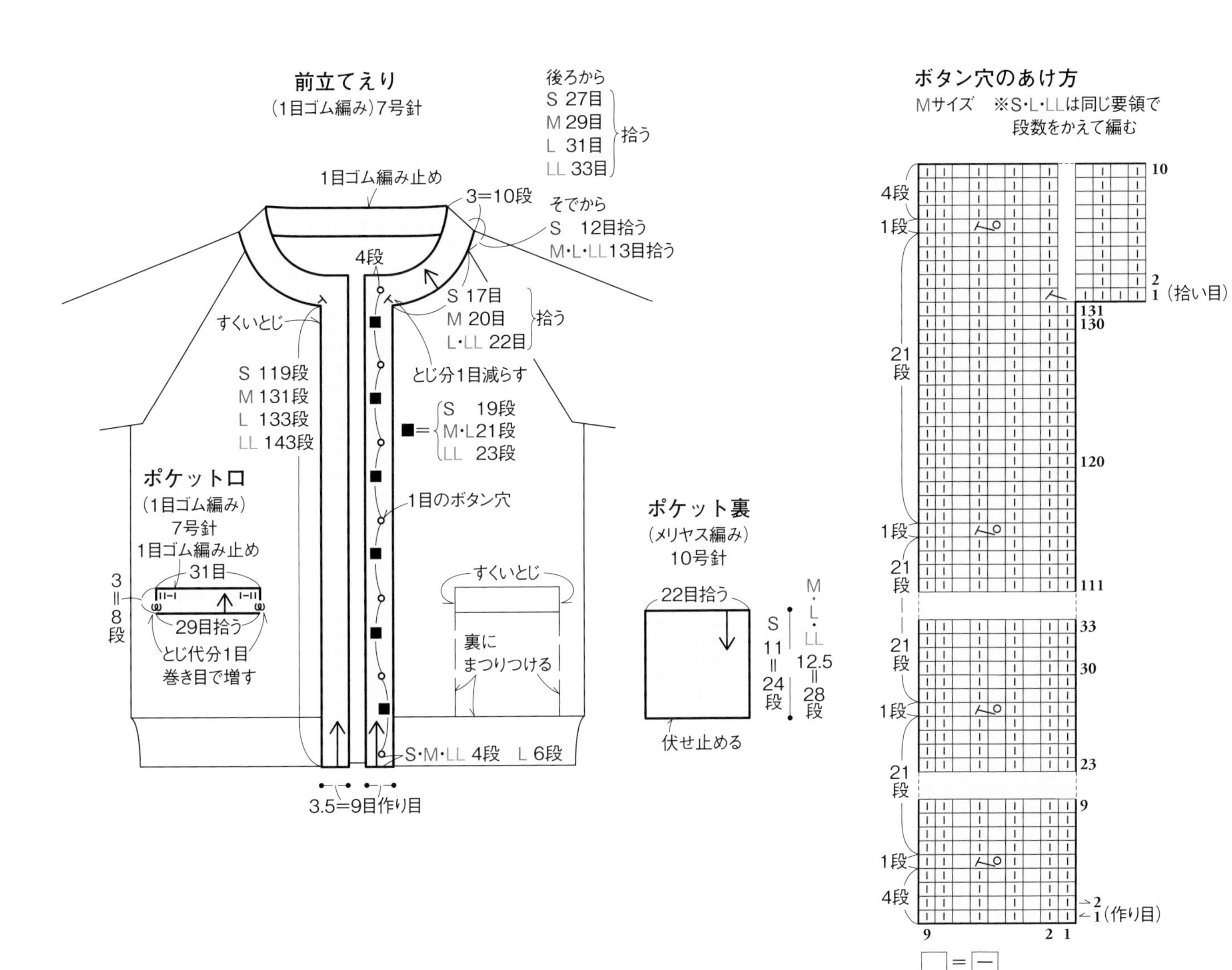
前立てえり
（1目ゴム編み）7号針
後ろから
S 27目
M 29目
L 31目
LL 33目
拾う
1目ゴム編み止め
3＝10段
そでから
S 12目拾う
M・L・LL13目拾う
4段
S 17目
M 20目
L・LL 22目
拾う
すくいとじ
とじ分1目減らす
S 119段
M 131段
L 133段
LL 143段
S 19段
M・L21段
LL 23段
ポケット口
（1目ゴム編み）
7号針
1目ゴム編み止め
1目のボタン穴
31目
3＝8段
29目拾う
とじ代分1目
巻き目で増す
すくいとじ
裏に
まつりつける
S・M・LL 4段 L 6段
3.5＝9目作り目
ポケット裏
（メリヤス編み）
10号針
22目拾う
S 11＝24段
M・L・LL 12.5＝28段
伏せ止める
ボタン穴のあけ方
Mサイズ ※S・L・LLは同じ要領で
段数をかえて編む
4段
1段
21段
1段
21段
21段
1段
21段
1段
4段
10
2
1（拾い目）
131
130
120
111
33
30
23
9
2
1（作り目）
9
2 1

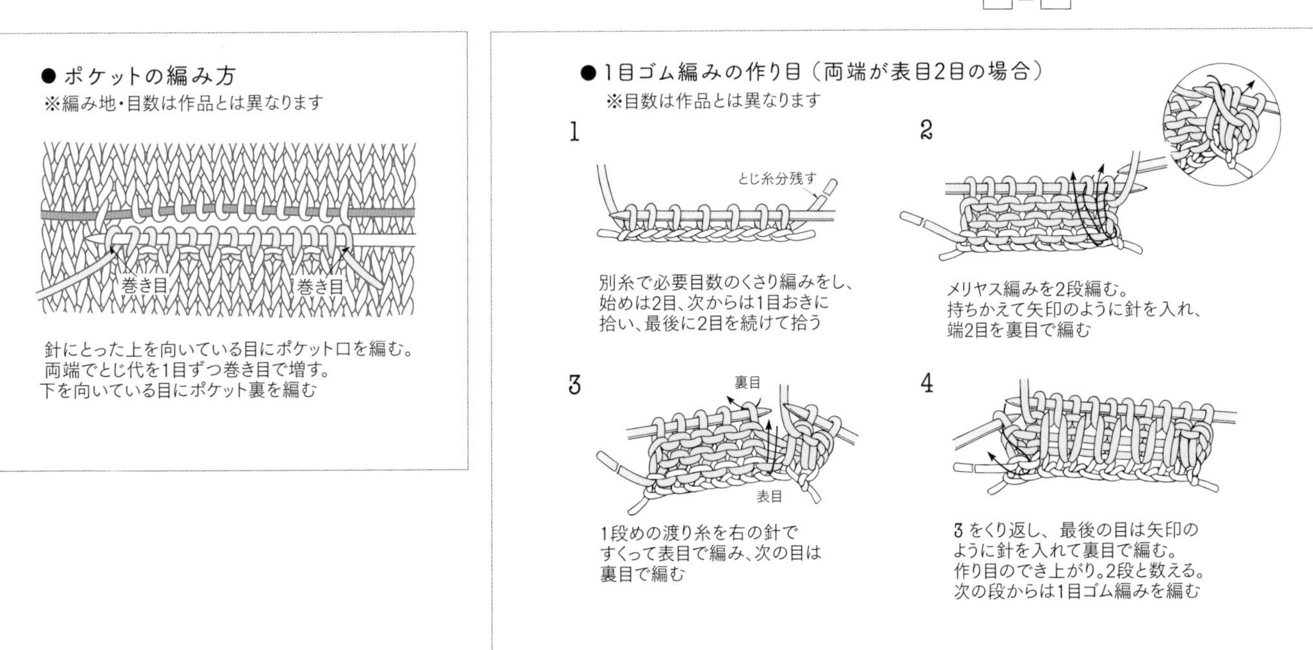
●ポケットの編み方
※編み地・目数は作品とは異なります
巻き目
巻き目
針にとった上を向いている目にポケット口を編む。
両端でとじ代を1目ずつ巻き目で増す。
下を向いている目にポケット裏を編む
●1目ゴム編みの作り目（両端が表目2目の場合）
※目数は作品とは異なります
1
とじ糸分残す
別糸で必要目数のくさり編みをし、
始めは2目、次からは1目おきに
拾い、最後に2目を続けて拾う
2
メリヤス編みを2段編む。
持ちかえて矢印のように針を入れ、
端2目を裏目で編む
3
裏目
表目
1段めの渡り糸を右の針で
すくって表目で編み、次の目は
裏目で編む
4
3をくり返し、最後の目は矢印の
ように針を入れて裏目で編む。
作り目のでき上がり。2段と数える。
次の段からは1目ゴム編みを編む

J 丸ヨークセーター Photo:P.22

糸：ハマナカ アメリー（40g玉巻）
　※色名と糸使用量は、表参照

針：ハマナカアミアミ6号、5号玉付2本棒針
　6号、5号4本棒針

ゲージ：メリヤス編みの編み込み模様①
　20目＝10cm、16段＝6cm
　メリヤス編みの編み込み模様②
　20目24段＝10cm角
　メリヤス編み　20目28段＝10cm角

サイズ：胸囲　S 99cm　M 105cm　L 111cm　LL 115cm
　着丈　S 60.5cm　M 63.5cm　L 66.5cm　LL 69.5cm
　ゆき　S 74cm　M 77.5cm　L 81cm　LL 84cm

編み方：糸は1本どりで編みます。
前後身ごろ、そではあとでほどく作り目をし、メリヤス編みの編み込み模様①、メリヤス編みで図のように編みます。作り目をほどき、すそとそで口にガーター編みのしま①を編み、伏せ止めます。前後身ごろとそでの合印●○はメリヤスはぎにし、▲は目と段のはぎでつけます。ヨークは身ごろとそでから拾い目して輪にし、メリヤス編みの編み込み模様②で全体で減らしながら編み、続けてえりぐりをガーター編みのしま②で編んで伏せ止めにします。わき、そで下をすくいとじにします。

配色と使用量

	色	S	M	L	LL
	オートミール(40)	310g	340g	370g	410g
	チョコレートブラウン(9)	40g	45g	45g	50g
	オリーブグリーン(38)	20g	20g	20g	25g
	グレイッシュローズ(26)	20g	20g	20g	25g
	ベージュ(21)	15g	15g	15g	15g

・単位＝cm
・指定以外は各サイズ共通
・メリヤス編みの編み込み模様①、②は横に糸を渡す方法で編む

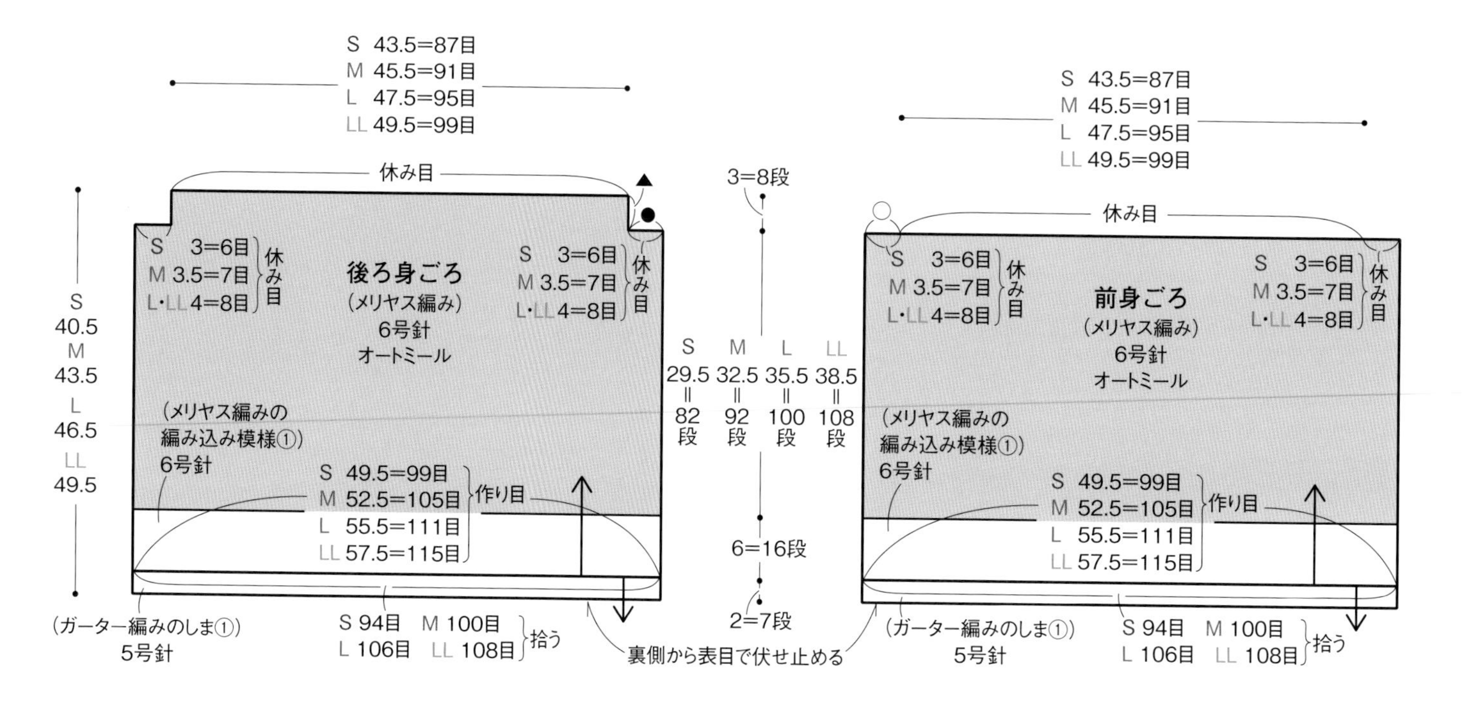

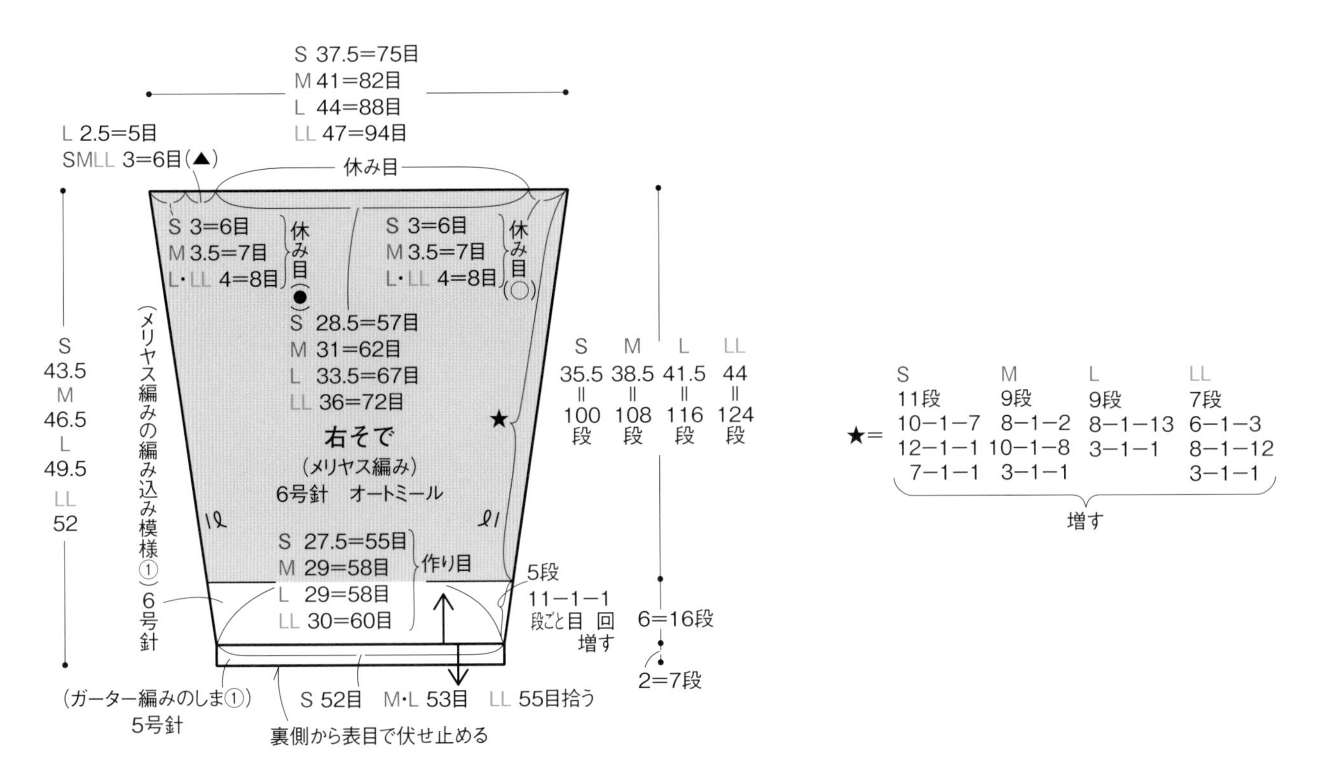

※左そでは同様に編み、休み目位置を対称にする

ガーター編みのしま①

メリヤス編みの編込み模様①

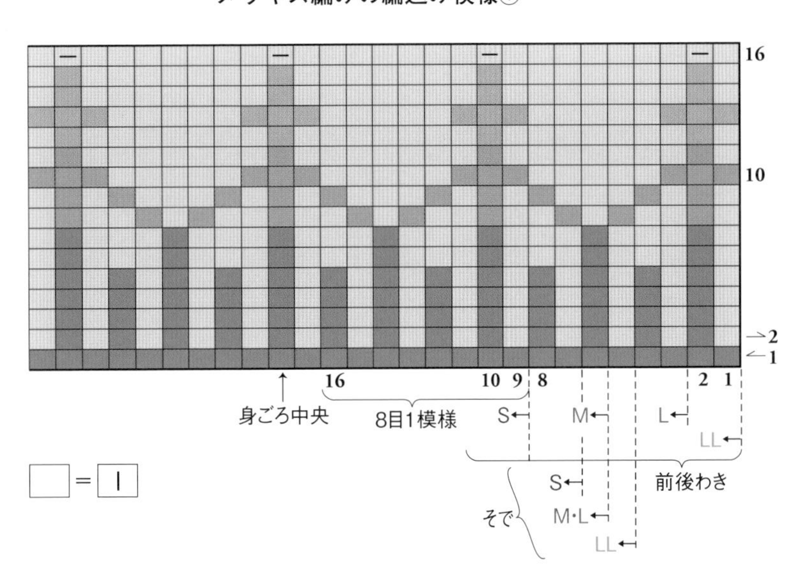

ガーター編みのしま②

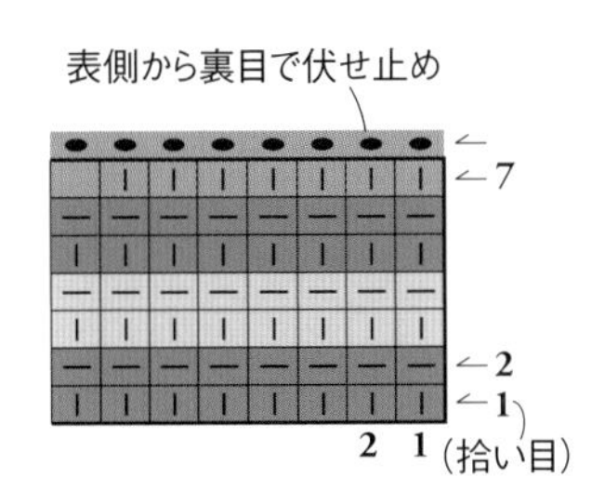

次ページへ続く

ヨーク
（メリヤス編みの編み込み模様②）
6号針

S 64=128目　M 68=136目
L 72=144目　LL 76=152目｝休み目
20=48段

図を参照し、全体で
S 160目　M 170目
L 180目　LL 190目減らす

右そでから
S 57目　M 62目
L 67目　LL 72目｝拾う

左そでから
S 57目　M 62目
L 67目　LL 72目｝拾う

編み始め

前から◎を拾う

後ろから
S 87目　M 91目
L 95目　LL 99目｝拾う（◎）

合印（●、○）はメリヤスはぎ
▲は目と段のはぎ

S 144=288目（32模様）
M 153=306目（34模様）
L 162=324目（36模様）
LL 171=342目（38模様）

えりぐり
（ガーター編みのしま②）
5号針

表側から裏目で伏せ止める
2=7段

S 96目　M 102目
L 108目　LL 114目｝に減らして拾う

メリヤス編みの編込み模様②とヨークの減らし方

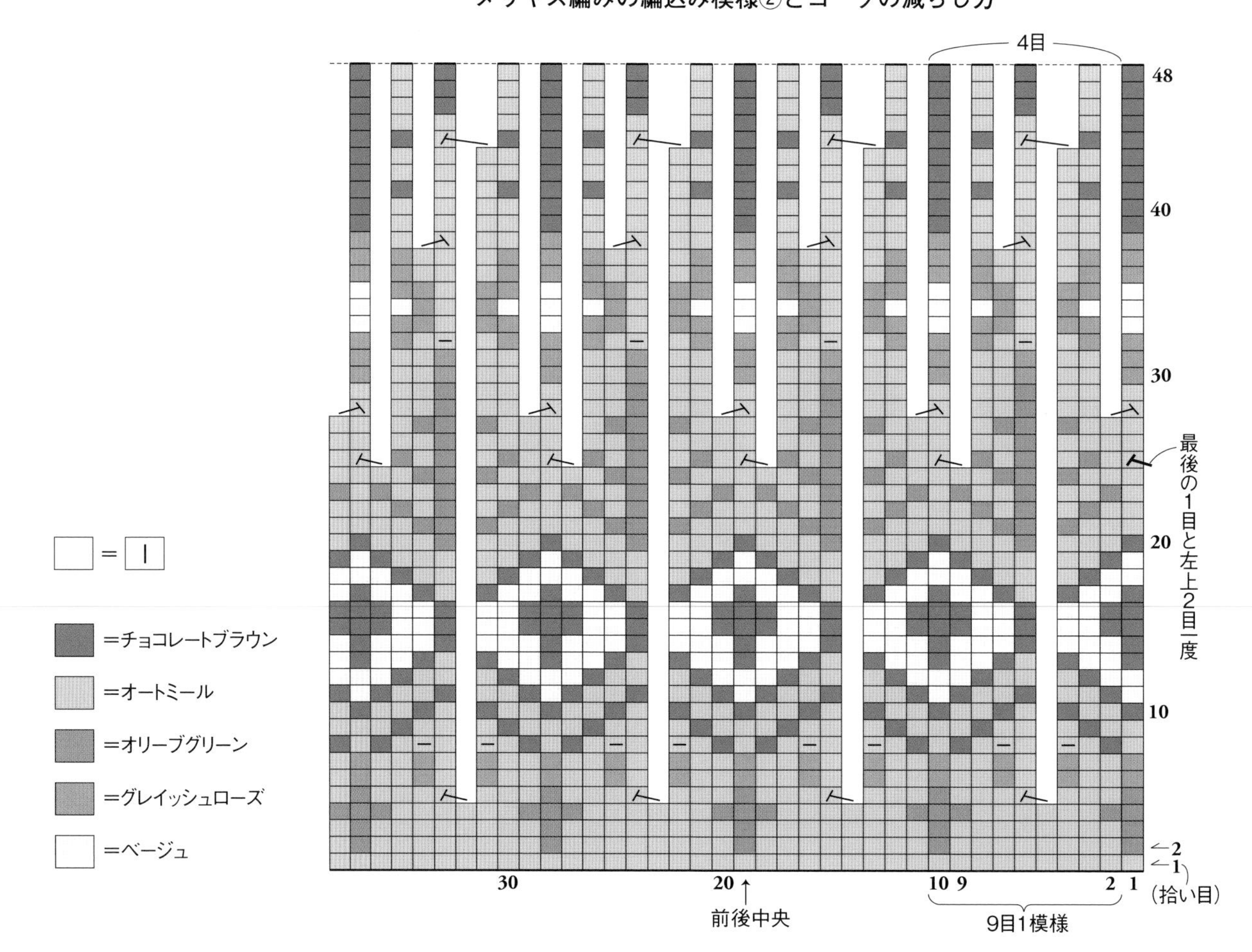

N ジャケット　Photo:P.30

糸：ハマナカ メンズクラブマスター（50g玉巻）
　ダークネイビー（7）S 690g M 745g L 800g LL 860g
針：ハマナカアミアミ10号、8号玉付2本棒針
その他：直径2cmのボタン6個　直径1.8cmのボタン2個
ゲージ：模様編み　15目25段＝10cm角
　かのこ編み　15目23段＝10cm角
サイズ：胸囲　S 104.5cm M 112.5cm
　L 120.5cm LL 128.5cm
　着丈　S 63cm　M 66.5cm L 68.5cm LL 70.5cm
　背肩幅 S 43cm　M 44cm　L 46cm　LL 49cm
　そで丈 S 52.5cm M 55.5cm L 57.5cm LL 59.5cm

編み方：糸は1本どりで編みます。

前後身ごろはあとでほどく作り目をし、模様編みとかのこ編みで編みますが、前身ごろのポケット位置には別糸を編み込んでおきます。そでも同様に作り目し、かのこ編みで編みます。作り目をほどいて拾い目し、すそとそで口に1目ゴム編みを編んで1目ゴム編み止めにします。ポケット位置の別糸を抜き、ポケット口を1目ゴム編みで編み、1目ゴム編み止めにします。ポケット裏をメリヤス編みで編んで伏せ止めます。ポケット口は身ごろにすくいとじにし、ポケット裏は裏側にまつりつけます。肩をかぶせ引き抜きはぎにします。前立ては前端から拾い目し、上前にボタン穴をあけながら1目ゴム編みで編み、1目ゴム編み止めにします。えりはえりぐりから拾い目し、左前端にボタン穴をあけながら、1目ゴム編みで編み、1目ゴム編み止めにします。

※ポケットの編み方はP.71参照。

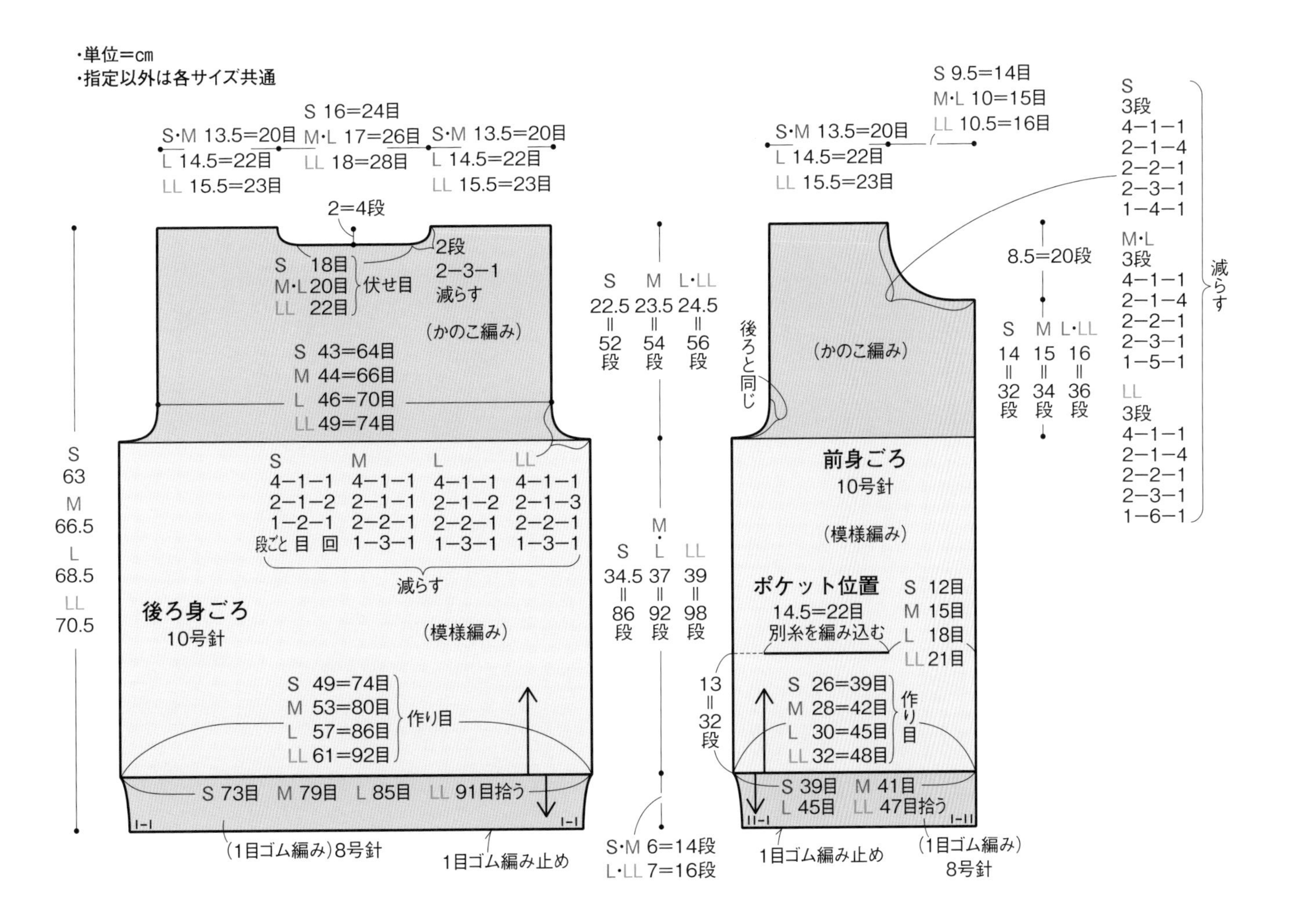

次ページへ続く

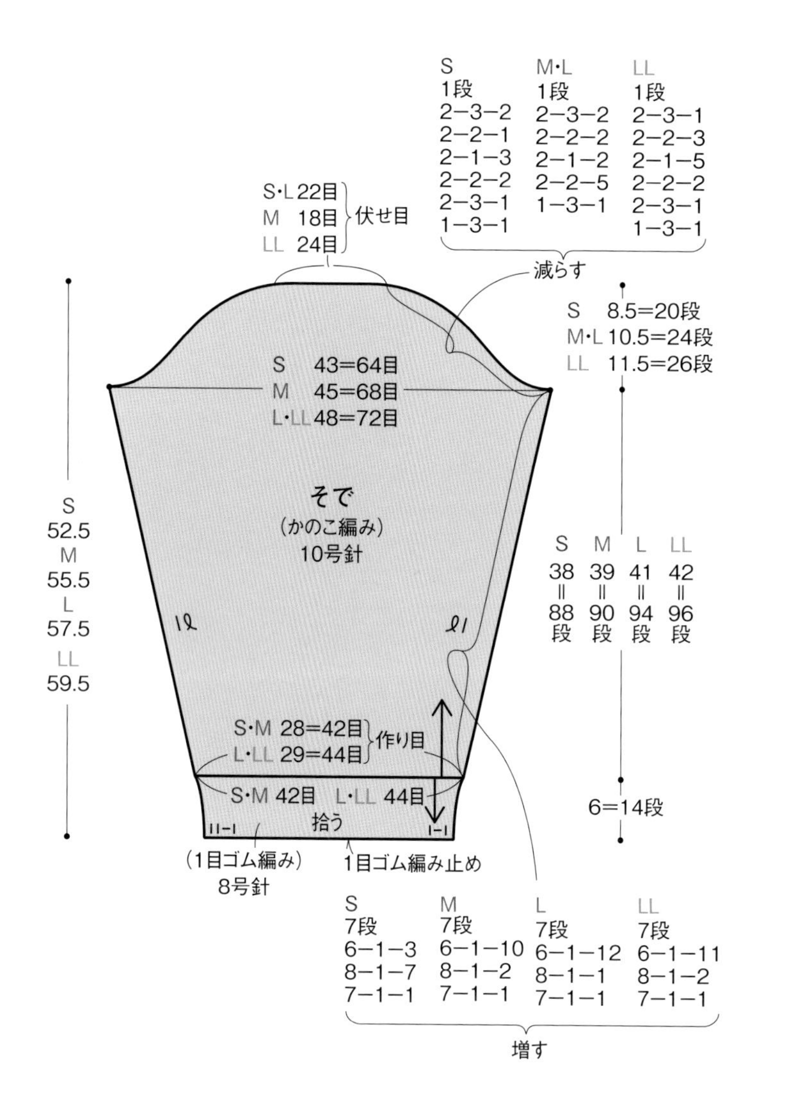

かのこ編み記号図

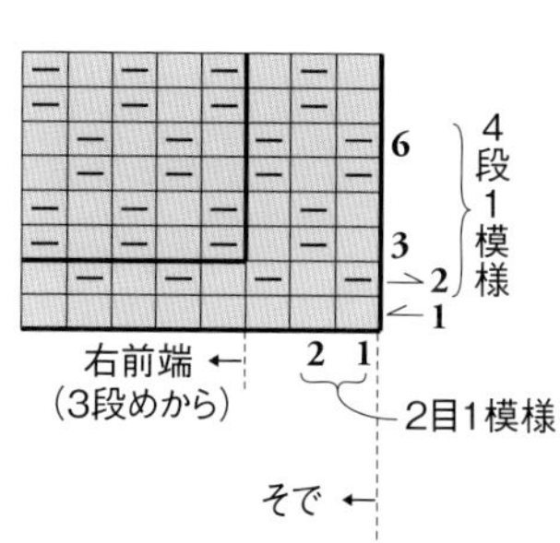

そでぐりの減らし方

※S・M・LはLLと同じ要領で減らす

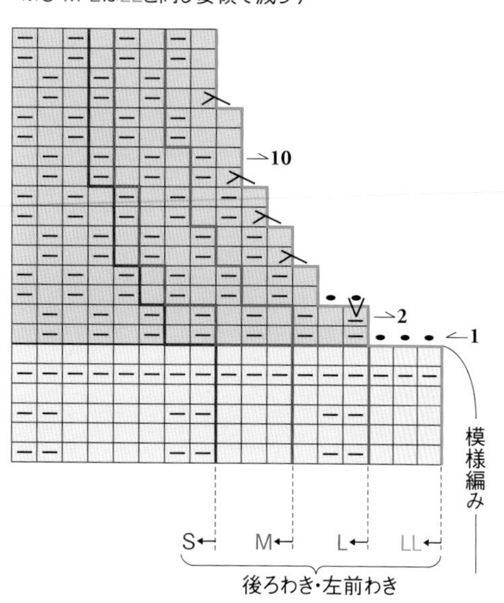

模様編み記号図

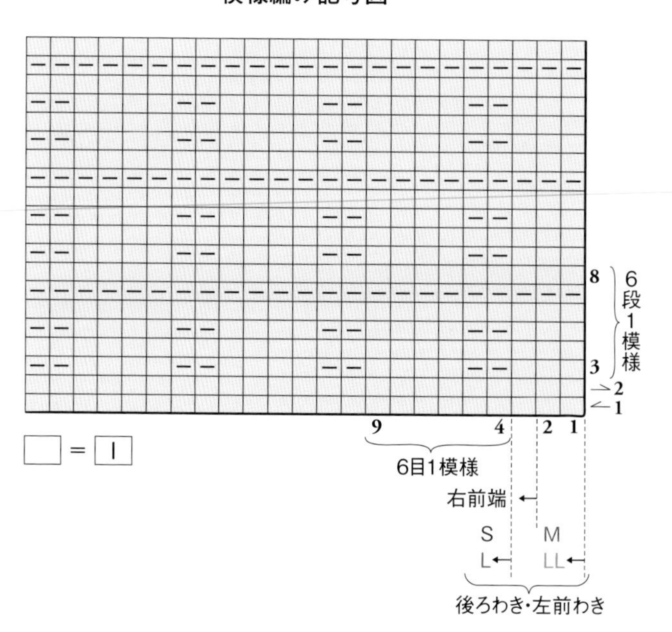

前立て・えり
（1目ゴム編み）8号針

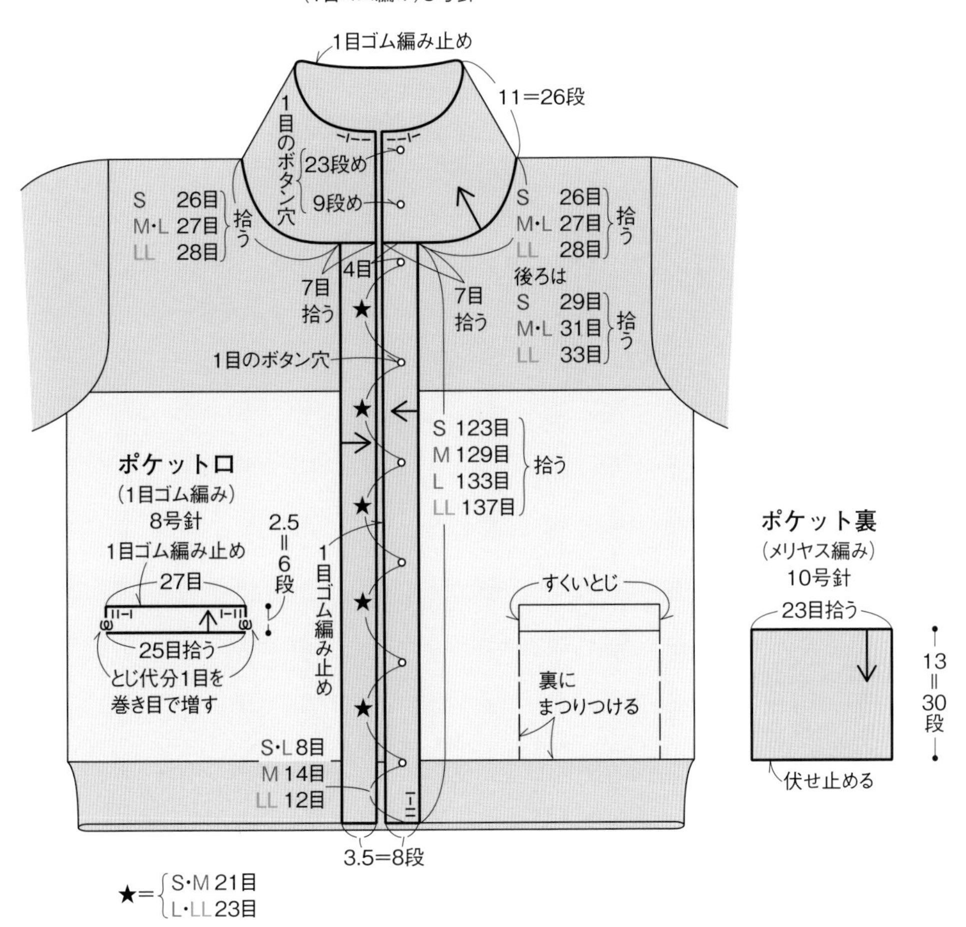

左前立てのボタン穴のあけ方

8
えりぐり側
2
1
（拾い目）
★
1目
S・M 21目
L・LL 23目
（★）
1目
4目
□ ＝ |

えりのボタン穴のあけ方

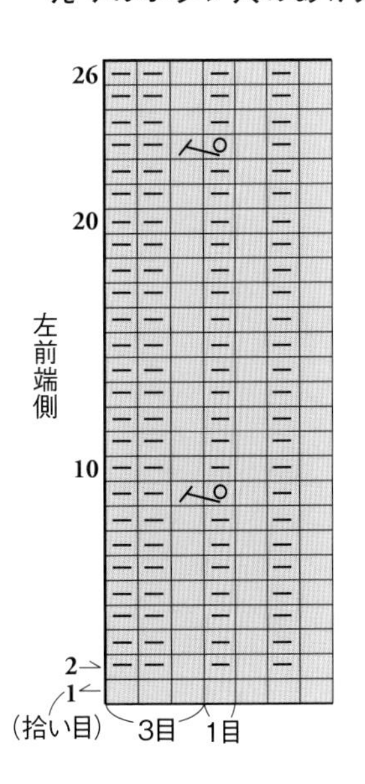

K ケーブル模様のセーター Photo:P.24

糸：リッチモア スペクトルモデム（40g玉巻）
　ライトブラウン（12）
　S 575g M 600g L 635g LL 680g
針：ハマナカアミアミ8号、6号玉付2本棒針
　6号4本棒針
ゲージ：模様編み 23.5目26.5段＝10cm角
サイズ：胸囲 S 100cm M 104cm L 112cm LL 116cm
　着丈 S 61cm M 63.5cm L 67.5cm LL 70cm
　ゆき S 75cm M 76.5cm L 81.5cm LL 83cm

編み方：糸は1本どりで編みます。
前後身ごろ、そではあとでほどく作り目をし、模様編みで図のように編みます。すそ、そで口は作り目をほどいて拾い目し、1目ゴム編みを編み、1目ゴム編み止めにします。肩をかぶせ引き抜きはぎにし、えりぐりに1目ゴム編みを輪に編み、1目ゴム編み止めにします。そでを目と段のはぎではぎ合わせ、わきとそで下を続けてすくいとじにします。

・単位＝cm
・指定以外は各サイズ共通

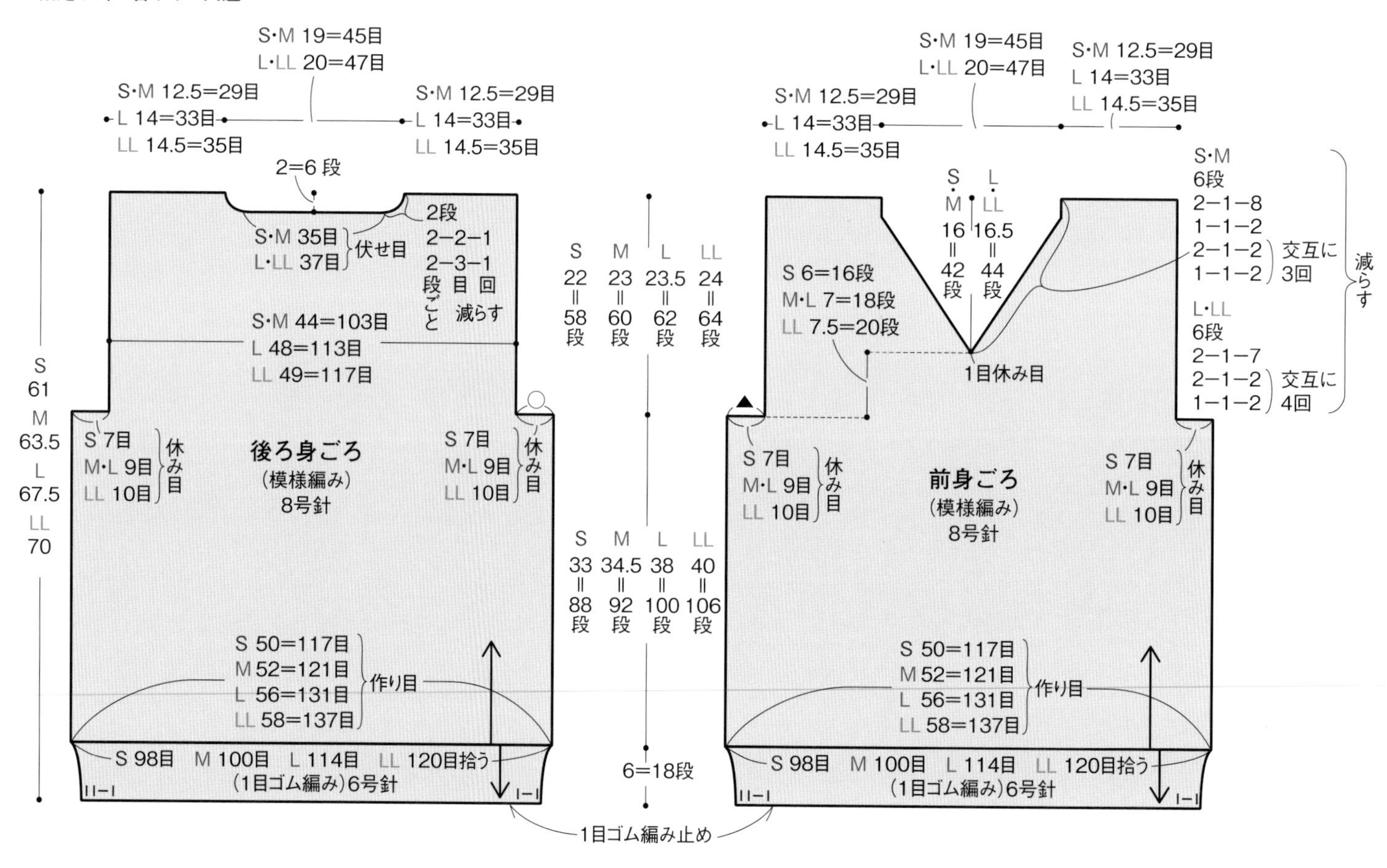

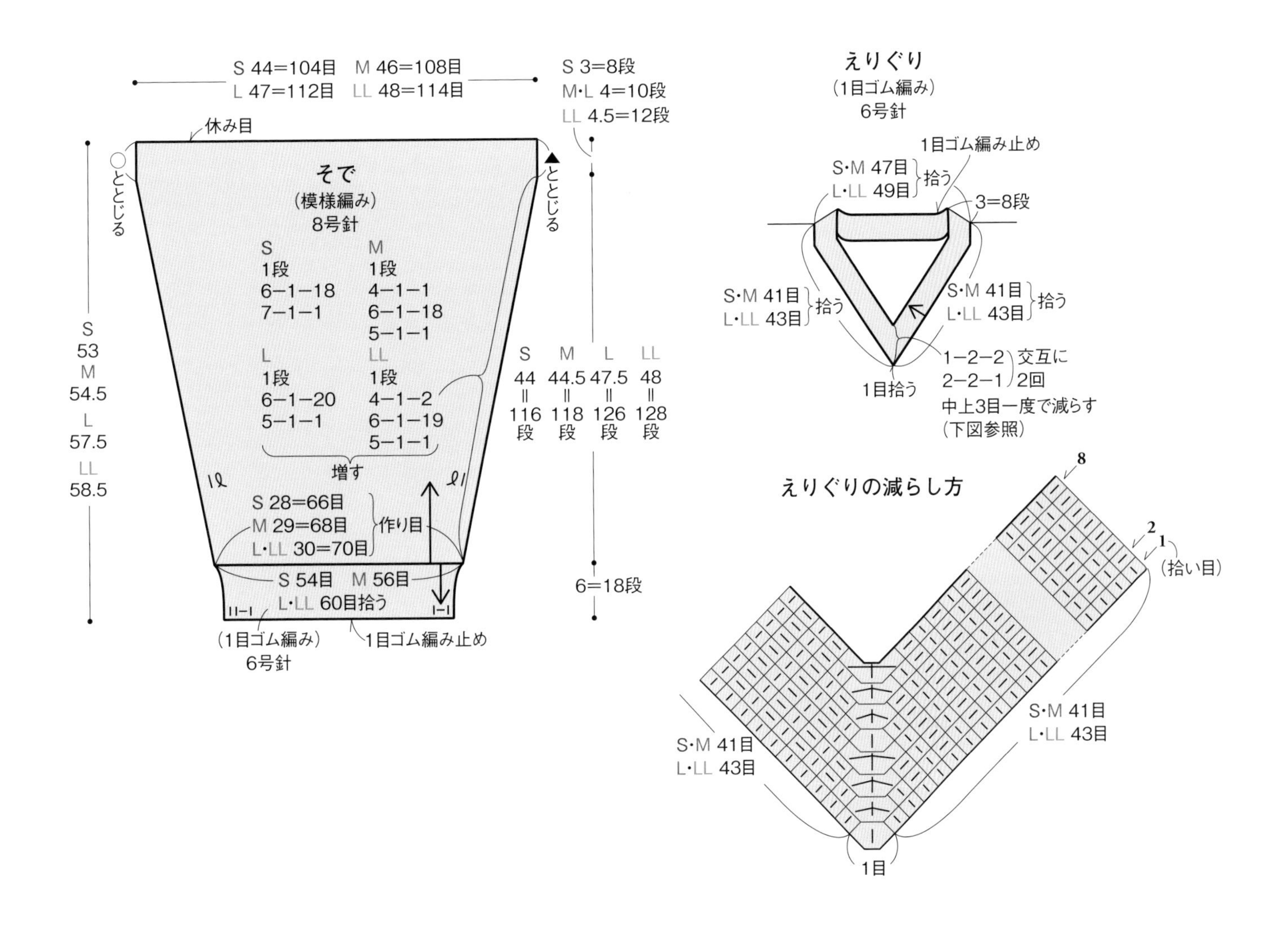
S 44=104目 M 46=108目
L 47=112目 LL 48=114目
休み目
そで
(模様編み)
8号針
S
1段
6−1−18
7−1−1
M
1段
4−1−1
6−1−18
5−1−1
L
1段
6−1−20
5−1−1
LL
1段
4−1−2
6−1−19
5−1−1
増す
S 28=66目
M 29=68目
L・LL 30=70目
作り目
S 54目 M 56目
L・LL 60目拾う
(1目ゴム編み)
6号針
1目ゴム編み止め
○とじる
▲とじる
S 53
M 54.5
L 57.5
LL 58.5
S 3=8段
M・L 4=10段
LL 4.5=12段
S 44=116段
M 44.5=118段
L 47.5=126段
LL 48=128段
6=18段
えりぐり
(1目ゴム編み)
6号針
1目ゴム編み止め
S・M 47目
L・LL 49目
拾う
3=8段
S・M 41目
L・LL 43目
拾う
1目拾う
1−2−2
2−2−1
交互に2回
中上3目一度で減らす
(下図参照)
えりぐりの減らし方
8
2
1
(拾い目)
S・M 41目
L・LL 43目
1目

模様編み記号図

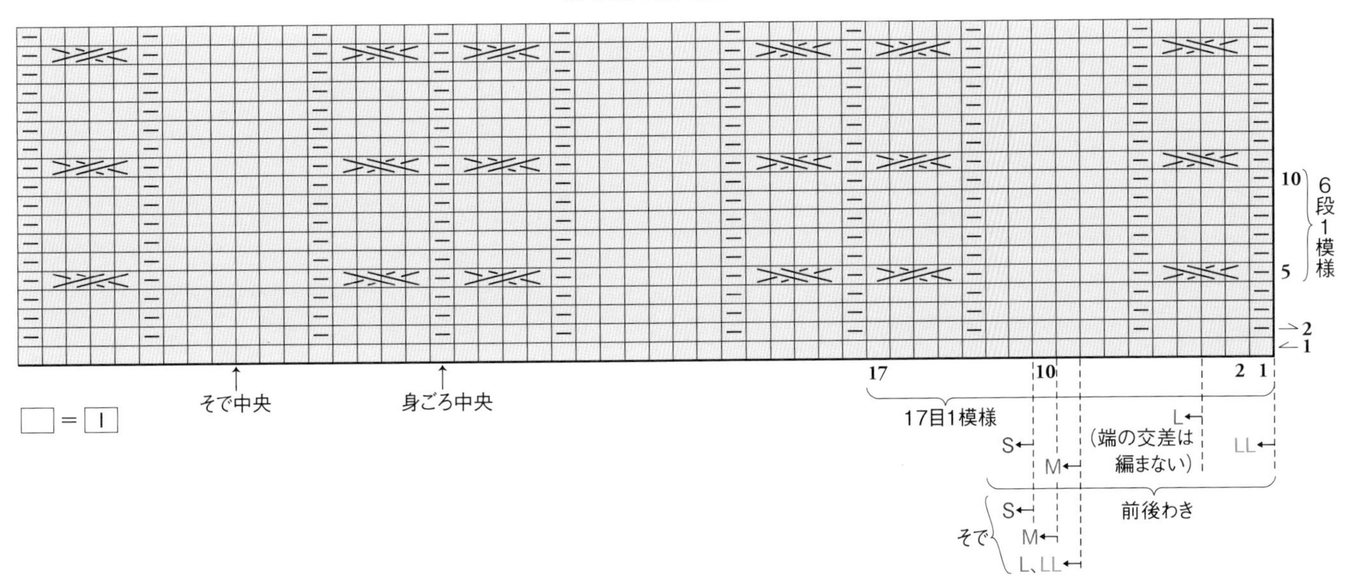
10
5
6段1模様
2
1
17
10
2 1
17目1模様
そで中央
身ごろ中央
□ = |
S
M
L
LL
(端の交差は編まない)
前後わき
そで
L、LL

L ソックス Photo:P.26

a

b

糸：ハマナカ 純毛中細（40g玉巻）
　　a レッド（10） b ネイビー（19）
　　M 75g　L 85g
針：ハマナカアミアミ3号、1号短・5本棒針
ゲージ：模様編み　36目37段＝10cm角
　　　　メリヤス編み　28目＝10cm、16段＝4cm
サイズ：足首まわり　M 20cm　L 20cm
　　　　丈　　　　　M 22cm　L 25.5cm
　　　　底の長さ　　M 23cm　L 26.5cm

編み方：糸は1本どりで、2目ゴム編み以外は3号針で編みます。
一般的な作り目で72目を作り目して輪にし、足首を2目ゴム編みと模様編みで編みます。甲側の目を休み目し、かかとをメリヤス編みで図のように往復に編みます。甲側の休み目から拾い目して輪にし、底側をメリヤス編み、甲側を模様編みで編みます。続けてつま先をメリヤス編みで減らしながら編み、残った12目ずつをメリヤスはぎにします。同様にもう1枚編みます。

・単位＝cm

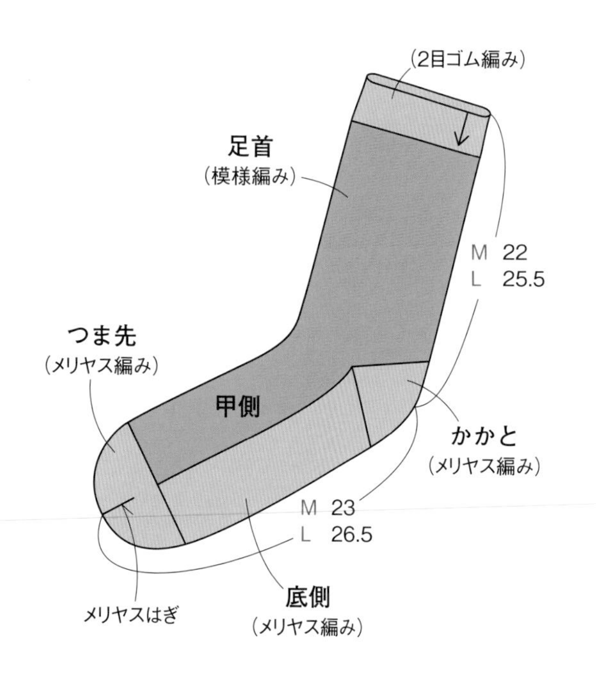

●かかとの目の拾い方

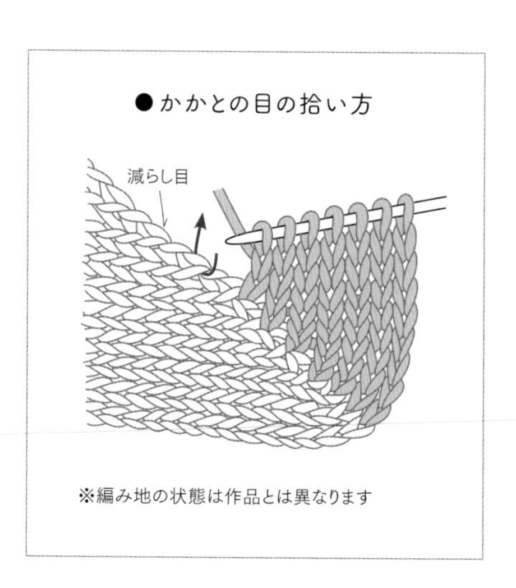

※編み地の状態は作品とは異なります

寸法と編み方記号図

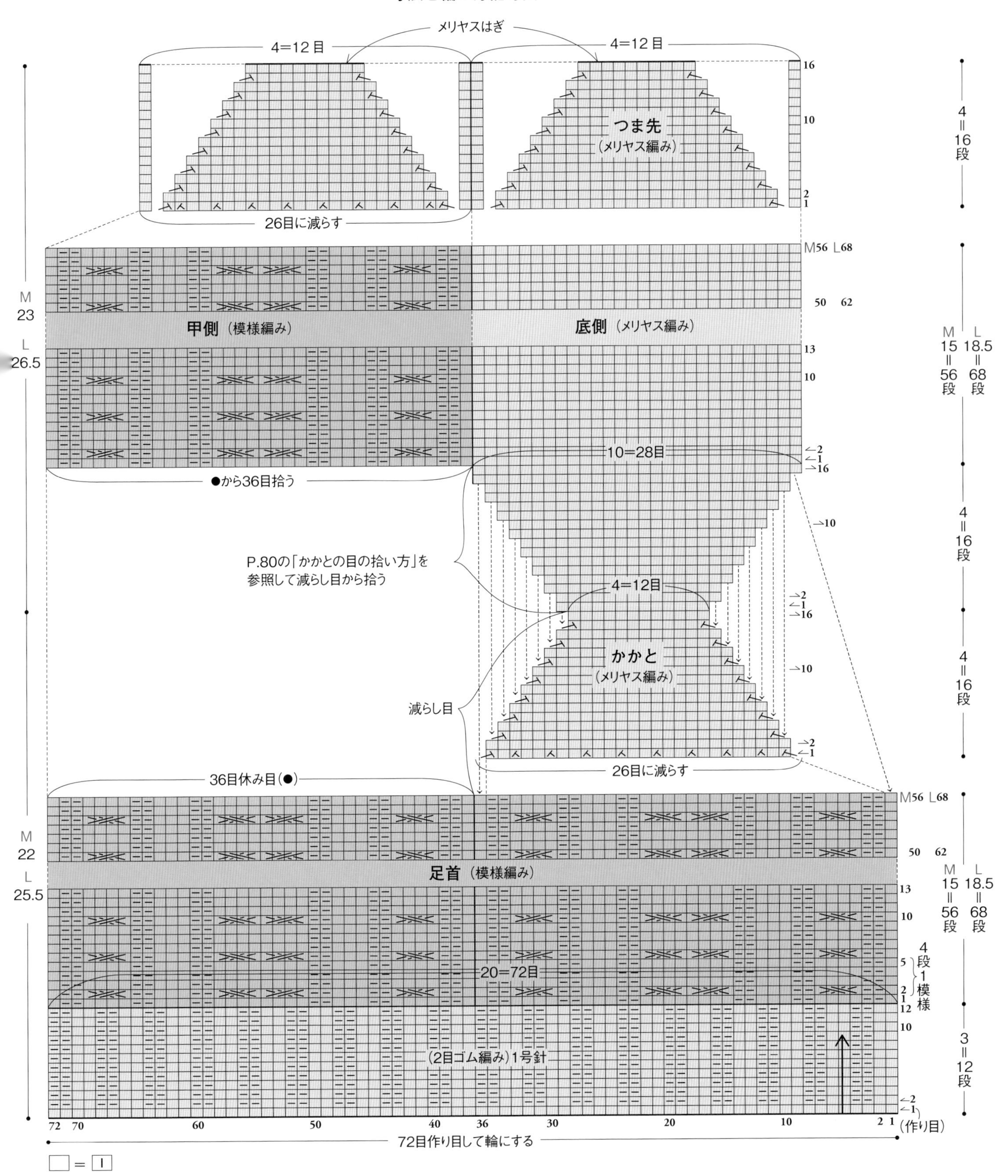

メリヤスはぎ
4=12目
4=12目
つま先
(メリヤス編み)
26目に減らす
4
=
16
段
M
23
L
26.5
甲側 (模様編み)
底側 (メリヤス編み)
M56 L68
50 62
13
10
M 15 = 56 段
L 18.5 = 68 段
10=28目
●から36目拾う
P.80の「かかとの目の拾い方」を
参照して減らし目から拾う
4=12目
かかと
(メリヤス編み)
減らし目
26目に減らす
36目休み目(●)
M
22
L
25.5
足首 (模様編み)
20=72目
4段1模様
(2目ゴム編み)1号針
3
=
12
段
(作り目)
72目作り目して輪にする

0 フードつきパーカ Photo:P.32

糸：ハマナカ ソノモノ アルパカウール《並太》(40g玉巻)
　グレー(64) S 530g M 580g L 630g LL 680g
針：ハマナカアミアミ6号、4号玉付2本棒針
　4号短・5本棒針
ゲージ：メリヤス編み　20目28段＝10cm角
サイズ：胸囲　S 96cm　M 102cm　L 106cm　LL 112cm
　着丈　S 61cm　M 65cm　L 67cm　LL 70cm
　ゆき　S 74.5cm　M 78cm　L 80cm　LL 83.5cm

編み方：糸は1本どりで編みます。
前後身ごろ、そでは一般的な作り目をし、1目ゴム編み、裏メリヤス編みとメリヤス編みで図のように編みます。フードは左フードを一般的な作り目で作り目し、メリヤス編みで14段めの巻き増し目まで編んで糸を切ります。右フードを同様に14段めまで編み、15段めから続けて指定の目数を巻き目で増し、左フードを続けて編みます。71段めで左右に分け、後ろ中央で減らしながら編みます。ポケットは一般的は作り目をし、メリヤス編みと1目ゴム編みで編み、伏せ止めます。前身ごろにポケットをメリヤスはぎとすくいとじでつけ、ラグラン線をとじ目が表に出るように裏からすくいとじにします。フードの折り返し分を裏に折ってまつり、えりぐりと中表に合わせて引き抜きとじでつけます。ひもを編み、フードに通します。

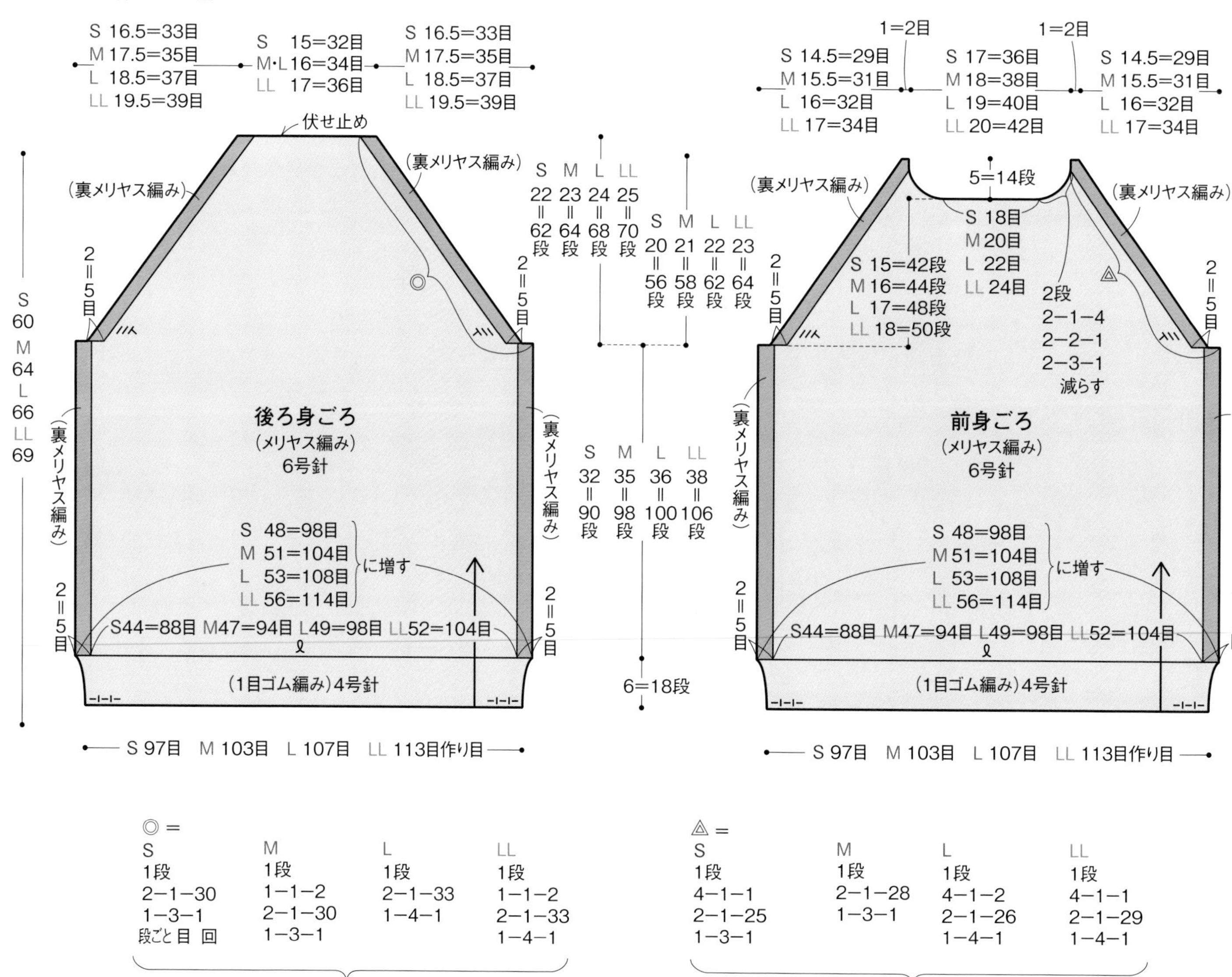

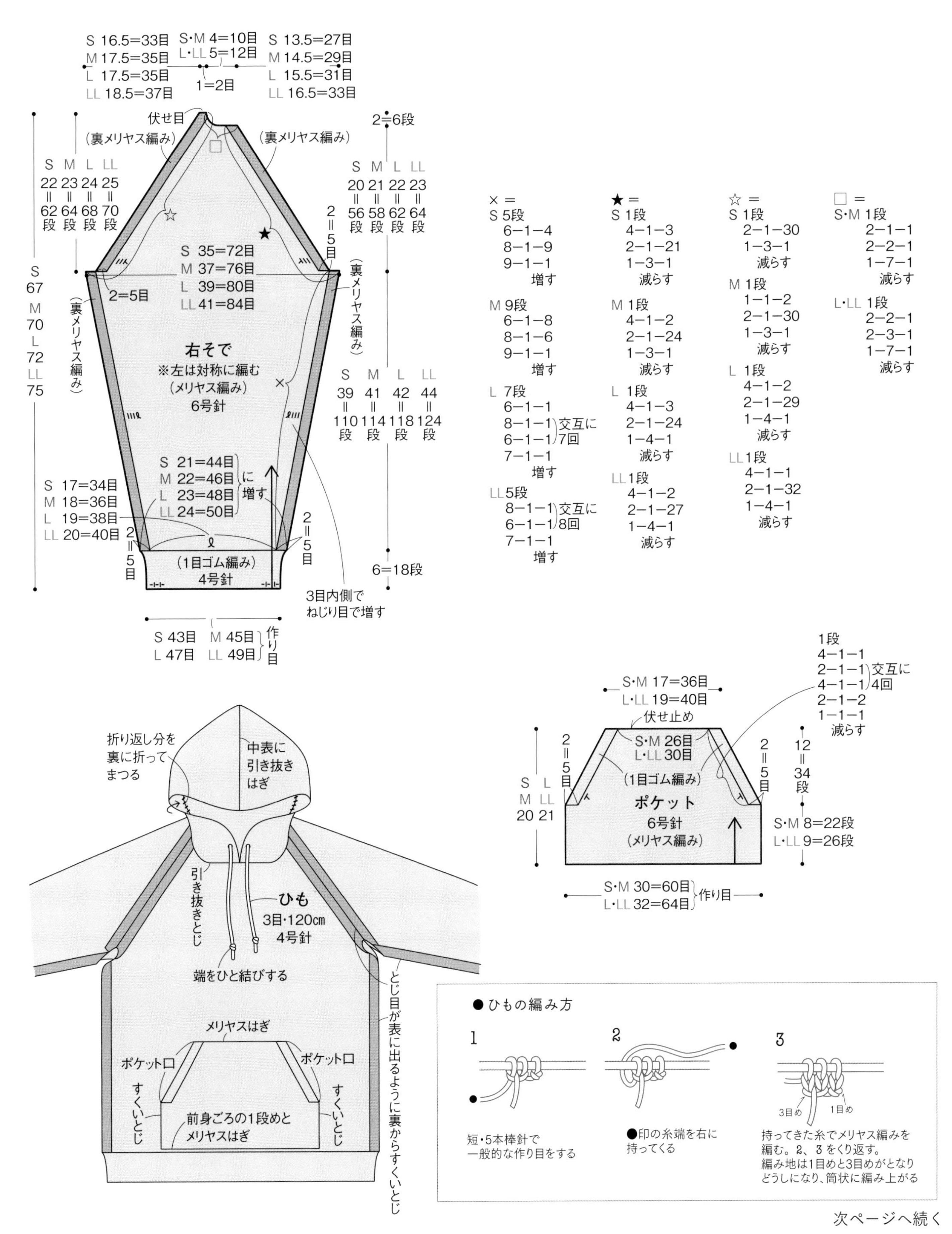

S 16.5=33目
M 17.5=35目
L 17.5=35目
LL 18.5=37目
S・M 4=10目
L・LL 5=12目
1=2目
S 13.5=27目
M 14.5=29目
L 15.5=31目
LL 16.5=33目
伏せ目
(裏メリヤス編み)
(裏メリヤス編み)
2=6段
S M L LL
22 23 24 25
62 64 68 70 段
S M L LL
20 21 22 23
56 58 62 64 段
2=5目
S 35=72目
M 37=76目
L 39=80目
LL 41=84目
S 67 M 70 L 72 LL 75
2=5目
(裏メリヤス編み)
(裏メリヤス編み)
右そで
※左は対称に編む
(メリヤス編み)
6号針
S M L LL
39 41 42 44
110 114 118 124 段
S 21=44目
M 22=46目
L 23=48目
LL 24=50目
に増す
S 17=34目
M 18=36目
L 19=38目
LL 20=40目
2=5目
2=5目
(1目ゴム編み)
4号針
6=18段
3目内側で
ねじり目で増す
S 43目 M 45目
L 47目 LL 49目
作り目
× =
S 5段
6−1−4
8−1−9
9−1−1
増す
M 9段
6−1−8
8−1−6
9−1−1
増す
L 7段
6−1−1
8−1−1 交互に
6−1−1 7回
7−1−1
増す
LL 5段
8−1−1 交互に
6−1−1 8回
7−1−1
増す
★ =
S 1段
4−1−3
2−1−21
1−3−1
減らす
M 1段
4−1−2
2−1−24
1−3−1
減らす
L 1段
4−1−3
2−1−24
1−4−1
減らす
LL 1段
4−1−2
2−1−27
1−4−1
減らす
☆ =
S 1段
2−1−30
1−3−1
減らす
M 1段
1−1−2
2−1−30
1−3−1
減らす
L 1段
4−1−2
2−1−29
1−4−1
減らす
LL 1段
4−1−1
2−1−32
1−4−1
減らす
□ =
S・M 1段
2−1−1
2−2−1
1−7−1
減らす
L・LL 1段
2−2−1
2−3−1
1−7−1
減らす
1段
4−1−1
2−1−1 交互に
4−1−1 4回
2−1−2
1−1−1
減らす
S・M 17=36目
L・LL 19=40目
伏せ止め
S・M 26目
L・LL 30目
(1目ゴム編み)
2=5目
2=5目
12=34段
S L
M LL
20 21
ポケット
6号針
(メリヤス編み)
S・M 8=22段
L・LL 9=26段
S・M 30=60目
L・LL 32=64目
作り目
折り返し分を
裏に折って
まつる
中表に
引き抜き
はぎ
引き抜きとじ
ひも
3目・120cm
4号針
端をひと結びする
とじ目が表に出るように裏からすくいとじ
メリヤスはぎ
ポケット口
ポケット口
すくいとじ
すくいとじ
前身ごろの1段めと
メリヤスはぎ
●ひもの編み方
1
2
3
3目め
1目め
短・5本棒針で
一般的な作り目をする
●印の糸端を右に
持ってくる
持ってきた糸でメリヤス編みを
編む。2、3をくり返す。
編み地は1目めと3目めがとなり
どうしになり、筒状に編み上がる
次ページへ続く

後ろラグラン線の減らし方

Mサイズ　※S・L・LLは同じ要領で編む

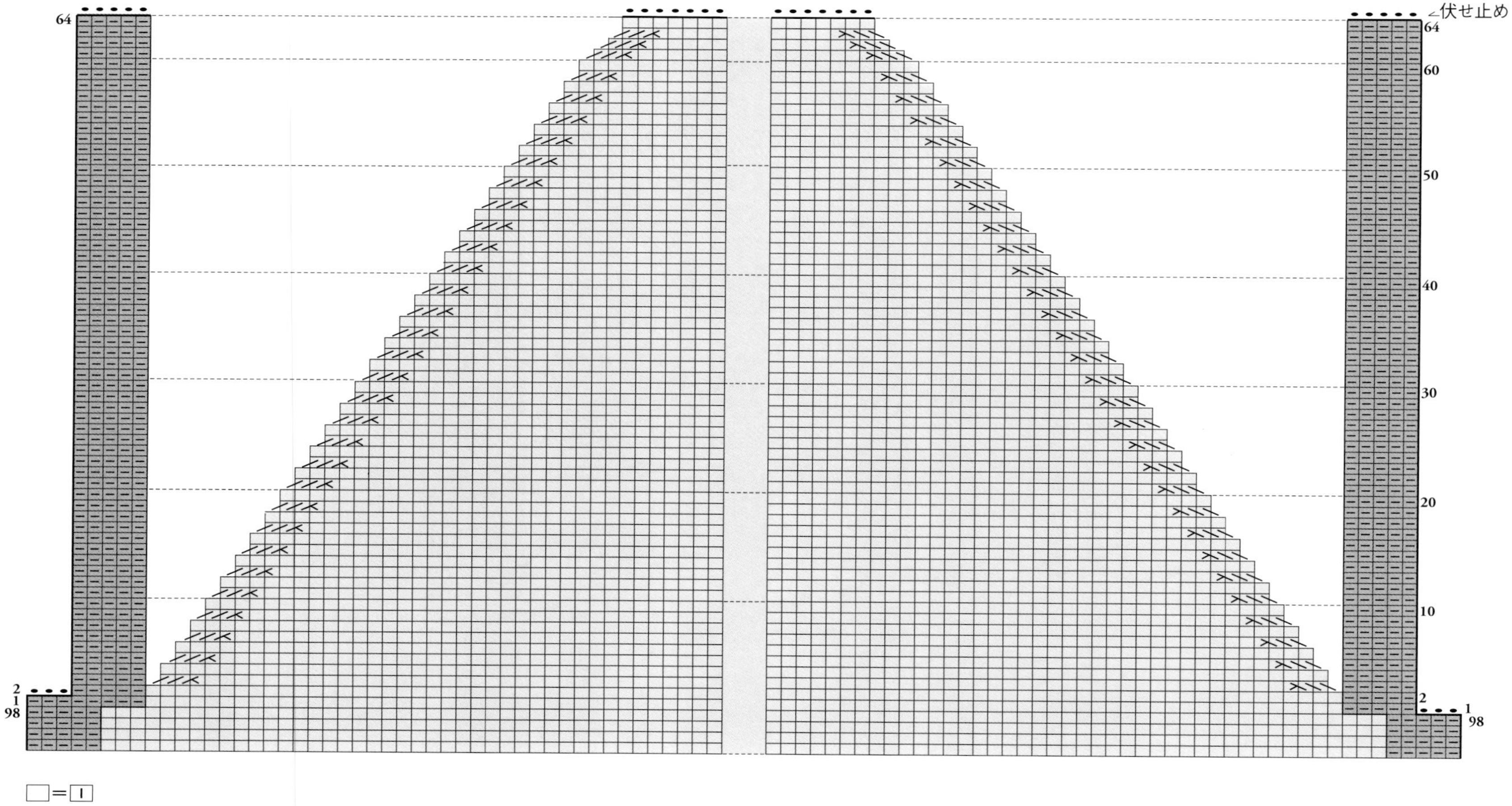

伏せ止め

64
60
50
40
30
20
10
2
1
98

□＝|

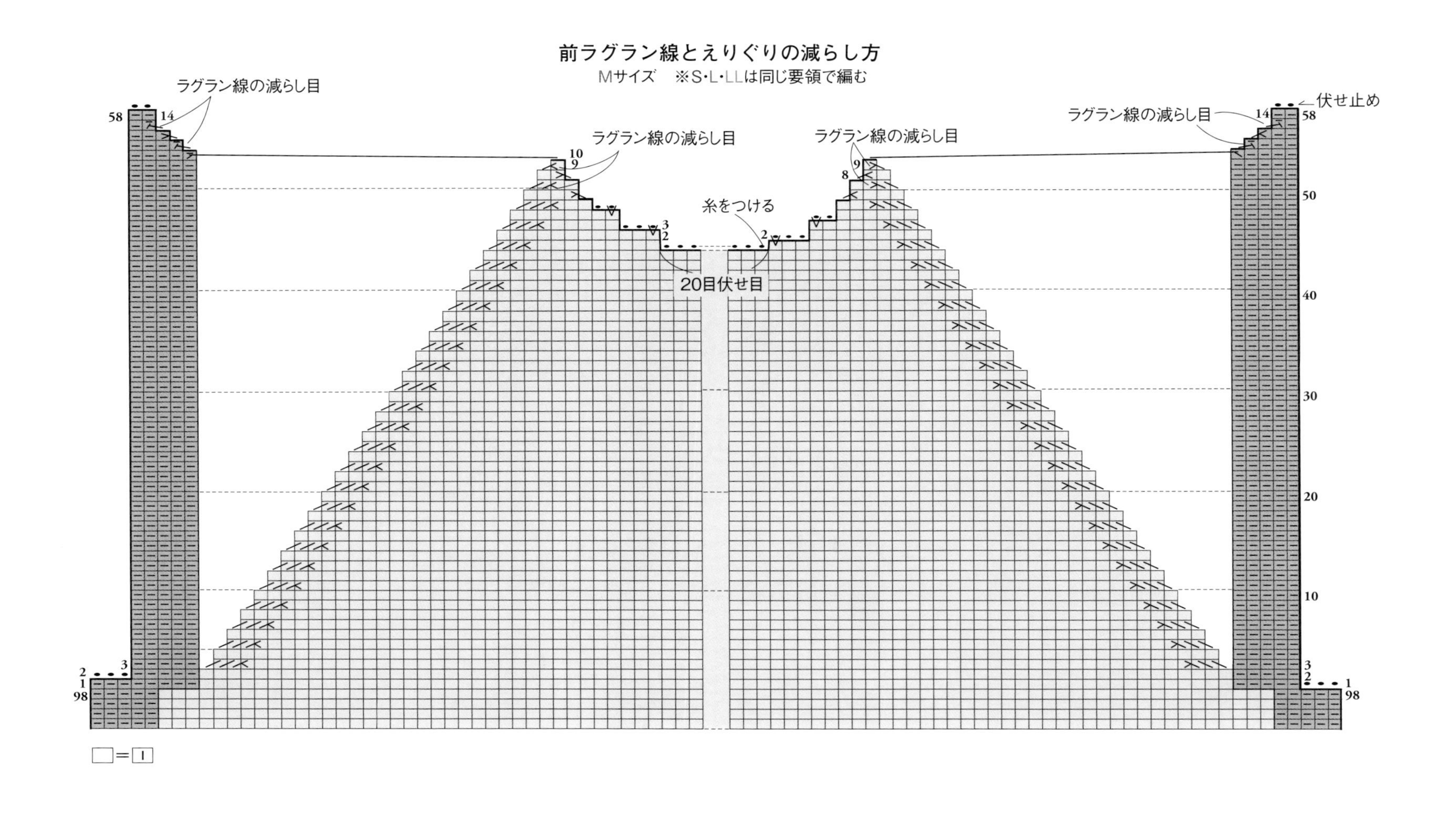
前ラグラン線とえりぐりの減らし方
Mサイズ　※S・L・LLは同じ要領で編む
ラグラン線の減らし目
ラグラン線の減らし目
ラグラン線の減らし目
ラグラン線の減らし目
伏せ止め
糸をつける
20目伏せ目

次ページへ続く

右そでラグラン線とえりぐりの減らし方

Mサイズ　※S・L・LLは同じ要領で減らす

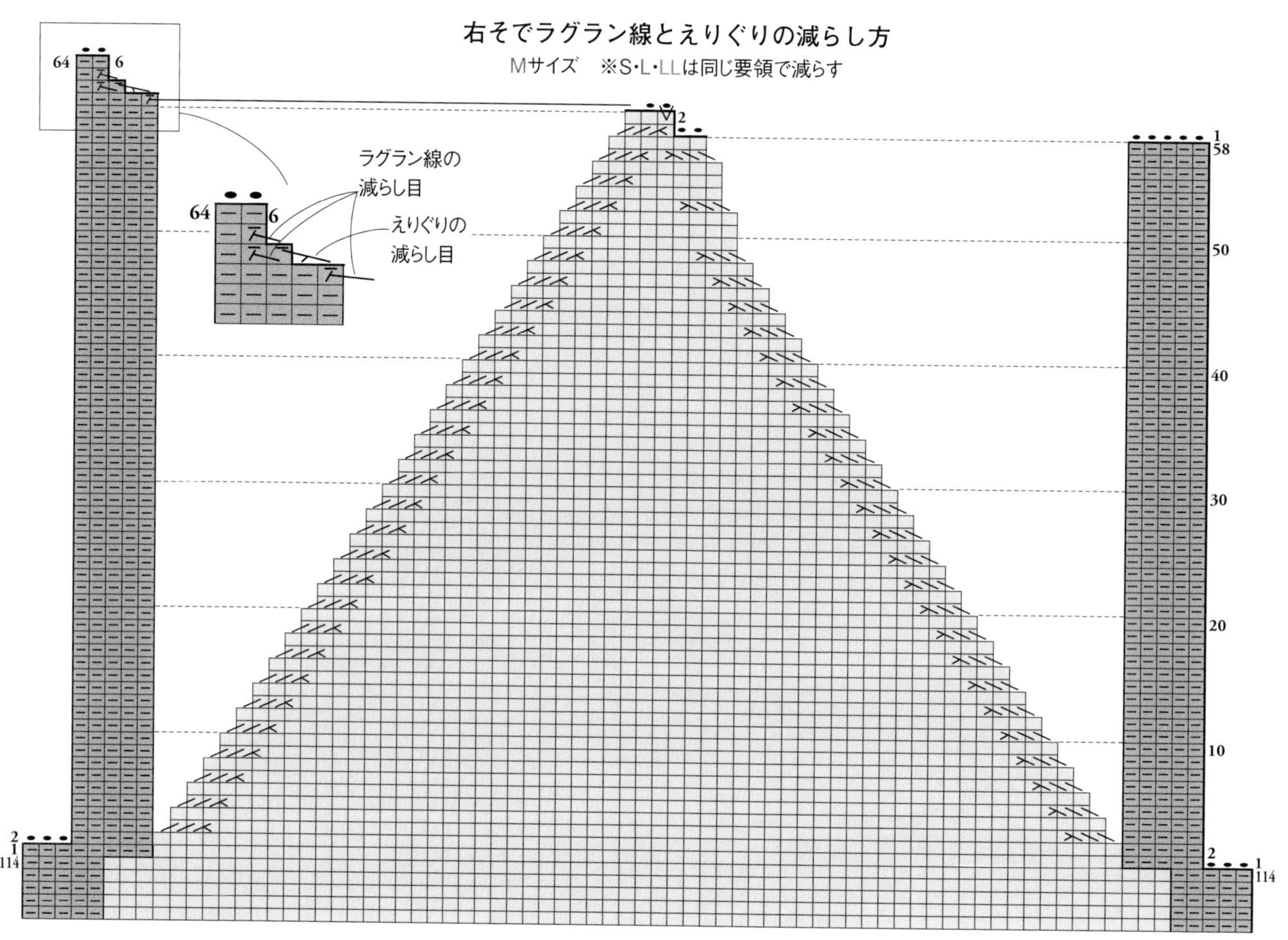

ポケット

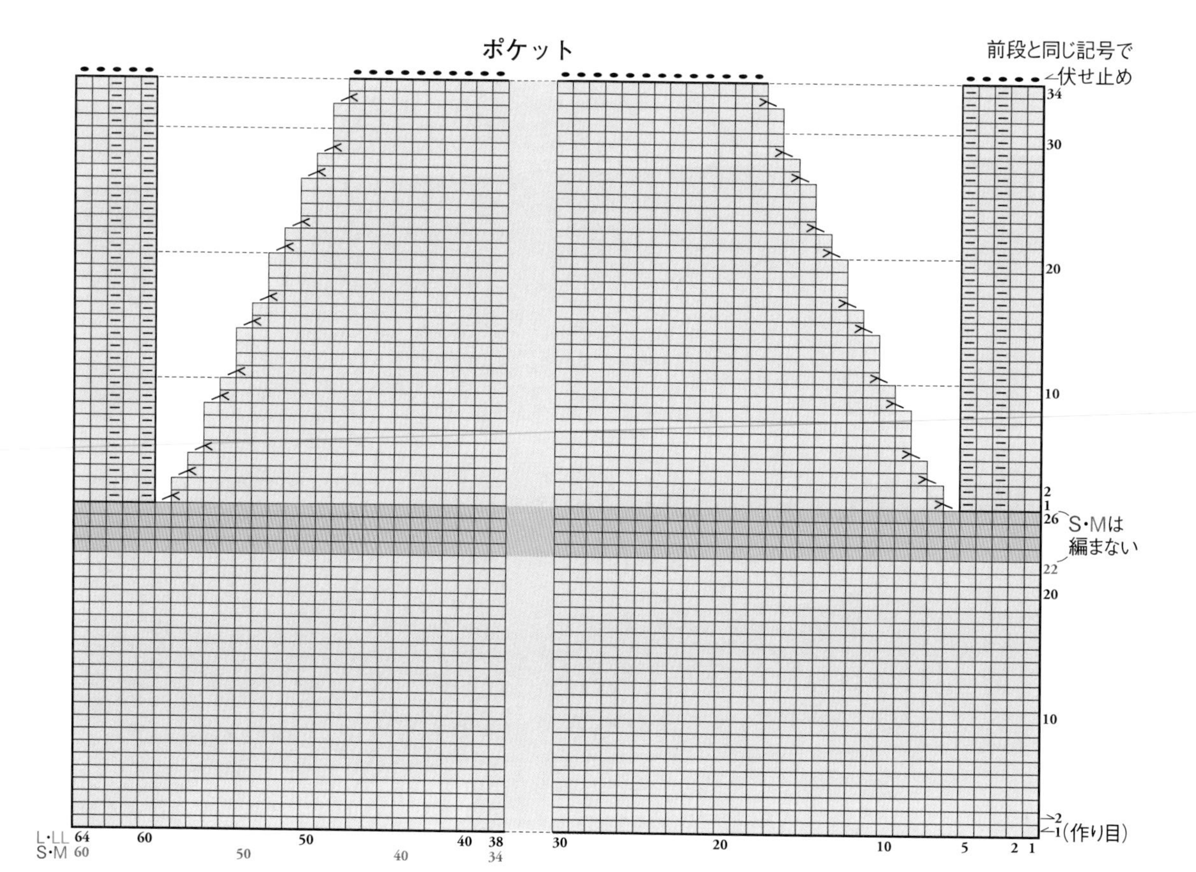

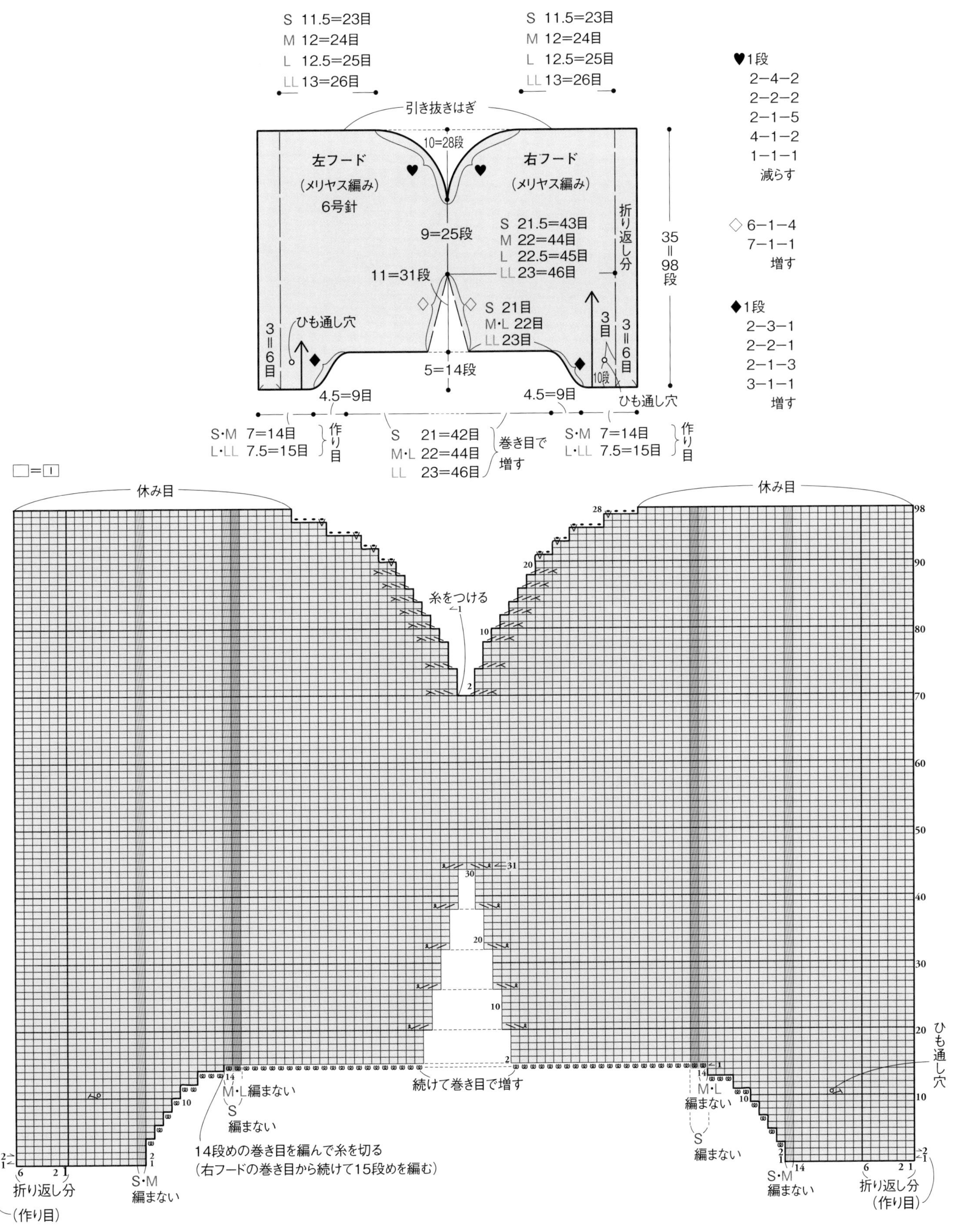
S 11.5=23目
M 12=24目
L 12.5=25目
LL 13=26目
S 11.5=23目
M 12=24目
L 12.5=25目
LL 13=26目
引き抜きはぎ
10=28段
左フード
（メリヤス編み）
6号針
右フード
（メリヤス編み）
9=25段
S 21.5=43目
M 22=44目
L 22.5=45目
LL 23=46目
11=31段
折り返し分
35=98段
S 21目
M･L 22目
LL 23目
ひも通し穴
3=6目
3目
5=14段
10段
4.5=9目
4.5=9目
ひも通し穴
S･M 7=14目
L･LL 7.5=15目
作り目
S 21=42目
M･L 22=44目
LL 23=46目
巻き目で増す
S･M 7=14目
L･LL 7.5=15目
作り目
♥1段
2−4−2
2−2−2
2−1−5
4−1−2
1−1−1
減らす
◇6−1−4
7−1−1
増す
◆1段
2−3−1
2−2−1
2−1−3
3−1−1
増す
□=□
休み目
休み目
糸をつける
続けて巻き目で増す
M･L編まない
S
編まない
14段めの巻き目を編んで糸を切る
（右フードの巻き目から続けて15段めを編む）
折り返し分
（作り目）
S･M
編まない
M･L
編まない
S
編まない
S･M
編まない
折り返し分
（作り目）
ひも通し穴

P マフラー Photo:P.34

糸：ハマナカ アメリー（40g玉巻）
　　チャコールグレー（30）125g
　　マスタードイエロー（3）70g
針：ハマナカアミアミ7号4本棒針（または輪針で往復編み）
ゲージ：メリヤス編み　19目29.5段＝10㎝角
サイズ：幅25㎝　長さ175.5㎝

編み方：糸は1本どりで、指定の色で編みます。
一般的な作り目で31目を作り目し、マスタードイエロー192段、チャコールグレー308段を増減なく編み、編み終わりを伏せ止めます。両わきからそれぞれ拾い目し、右側は2目ゴム編み、左側はガーター編みを編み、編み終わりを伏せ止めます。上側、下側はそれぞれ拾い目して2目ゴム編みを編み、編み終わりを伏せ止めます。

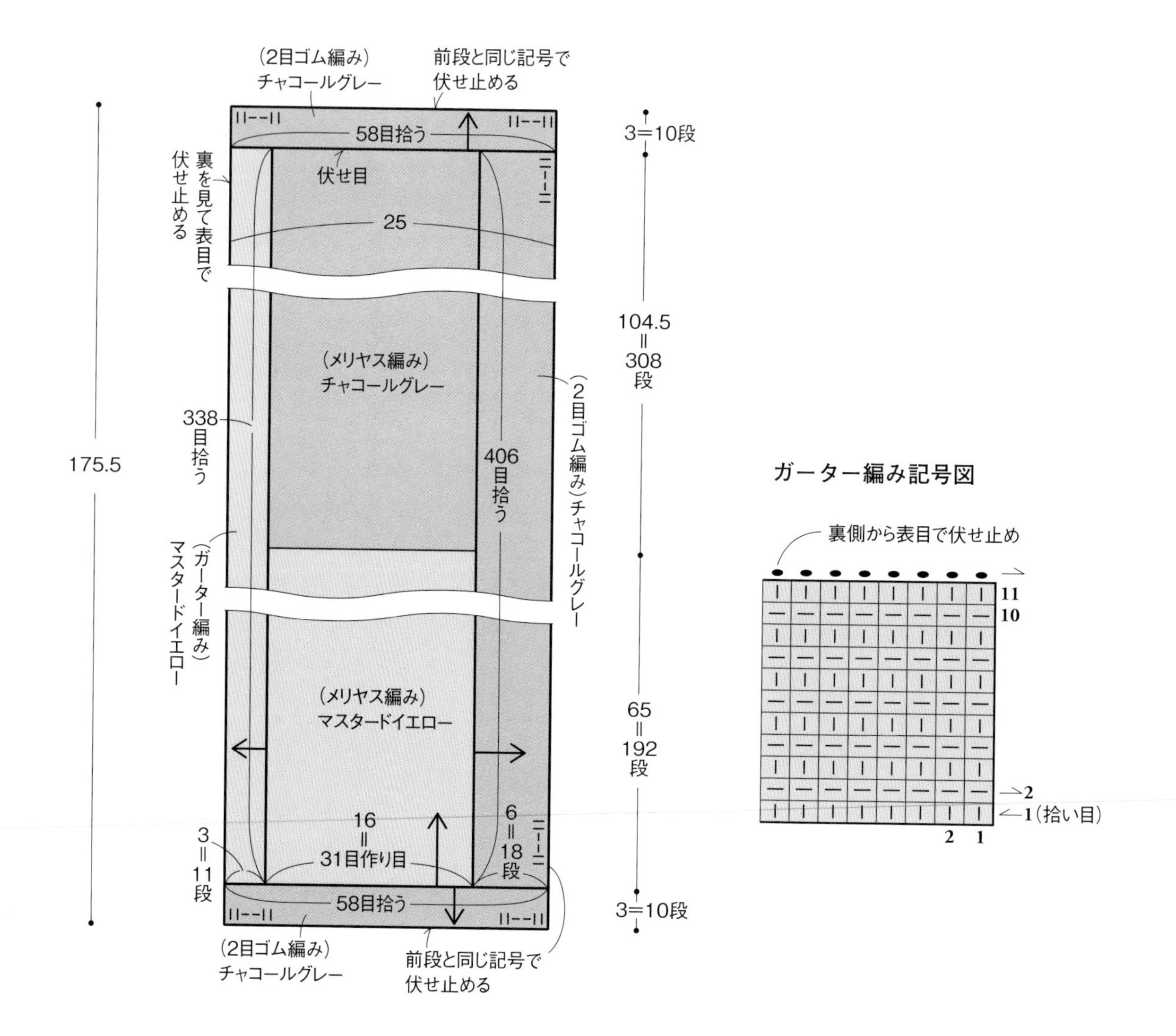

棒針編みの基礎

● 計算の見方

棒針の製図には、下図のようにそでぐりやえりぐりに
減らし目や増し目の計算を入れています。数字は以下のように読みます。

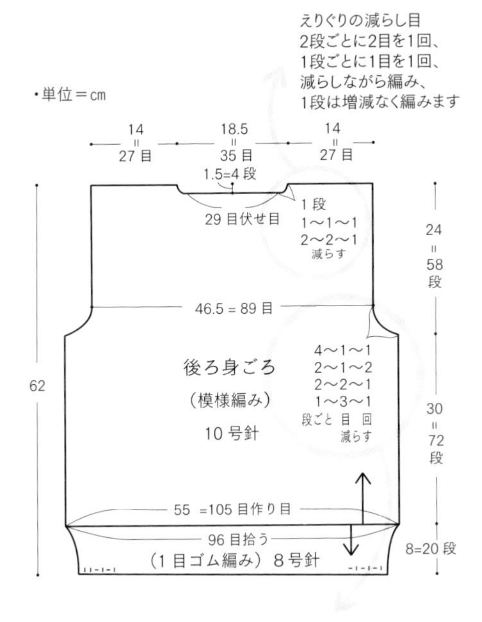

記号図で表した場合

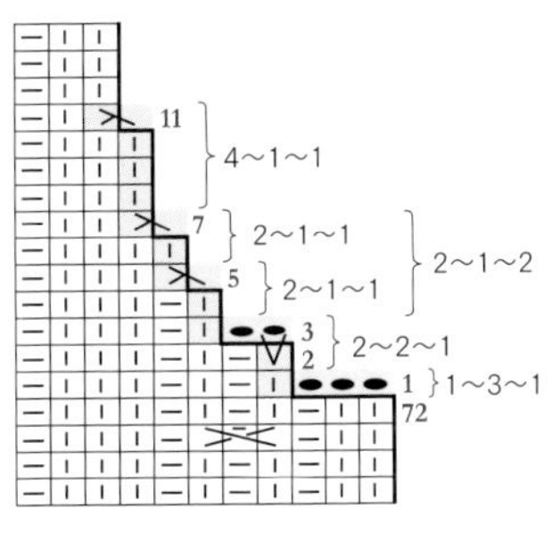

編み地

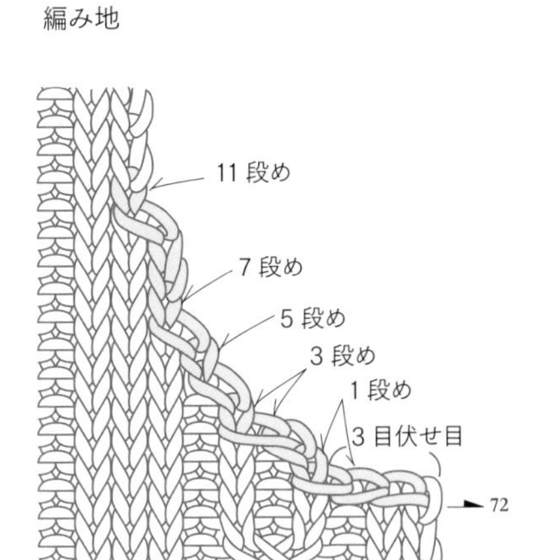

そでぐりの減らし目
1段ごとに3目を1回、
2段ごとに2目を1回、
2段ごとに1目ずつを2回、
4段ごとに1目を1回、
減らしながら編みます

「端2目立てて減らす」とは

「目を立てる」とは編み目をくずさずに通すことを
意味し、ラグラン線の減らし目などによく使われます。
「端２目立てて減らす」という場合は端から２目めが
３目めの上になるように２目一度をします。

記号図で表した場合

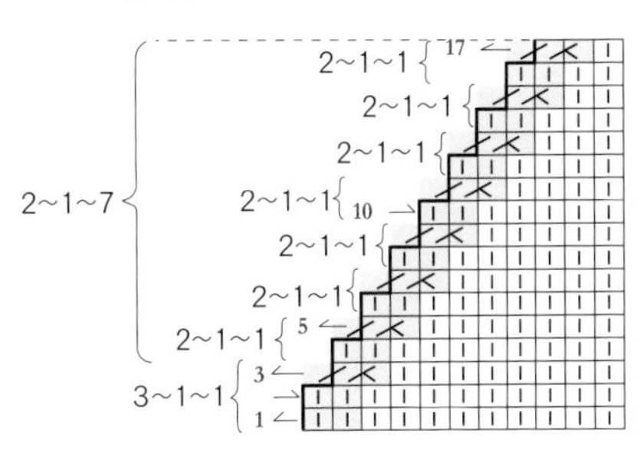

● 模様編み記号図の見方

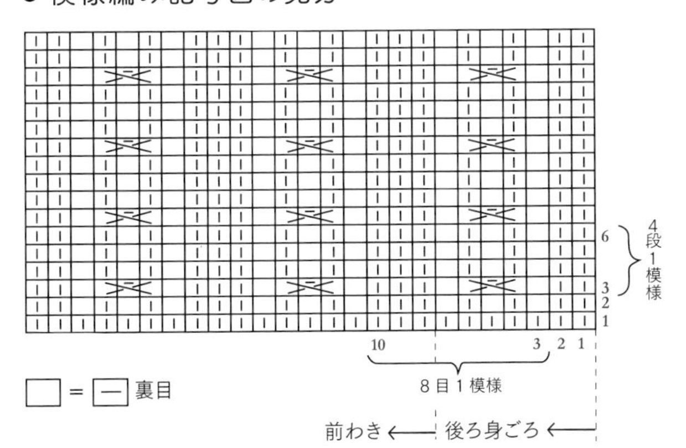

記号図は編み地の表側から見たもので、例外を除き、
後ろ身ごろの右端の１段めから書かれていて、
左端は身ごろの左端の編み目になります。
１段めに矢印「→」があるときは、１段めを左側
（裏側）から編みます。
途中に「前わき ←|」などの指定があるときは、
指定（前身ごろ）の右端をその位置から編み始める
という意味です。

● 編み目記号と編み方

編み目記号は編み地の表側から見た、操作記号です。
例外（かけ目・巻き目）を除き1段下にその編み目ができます。

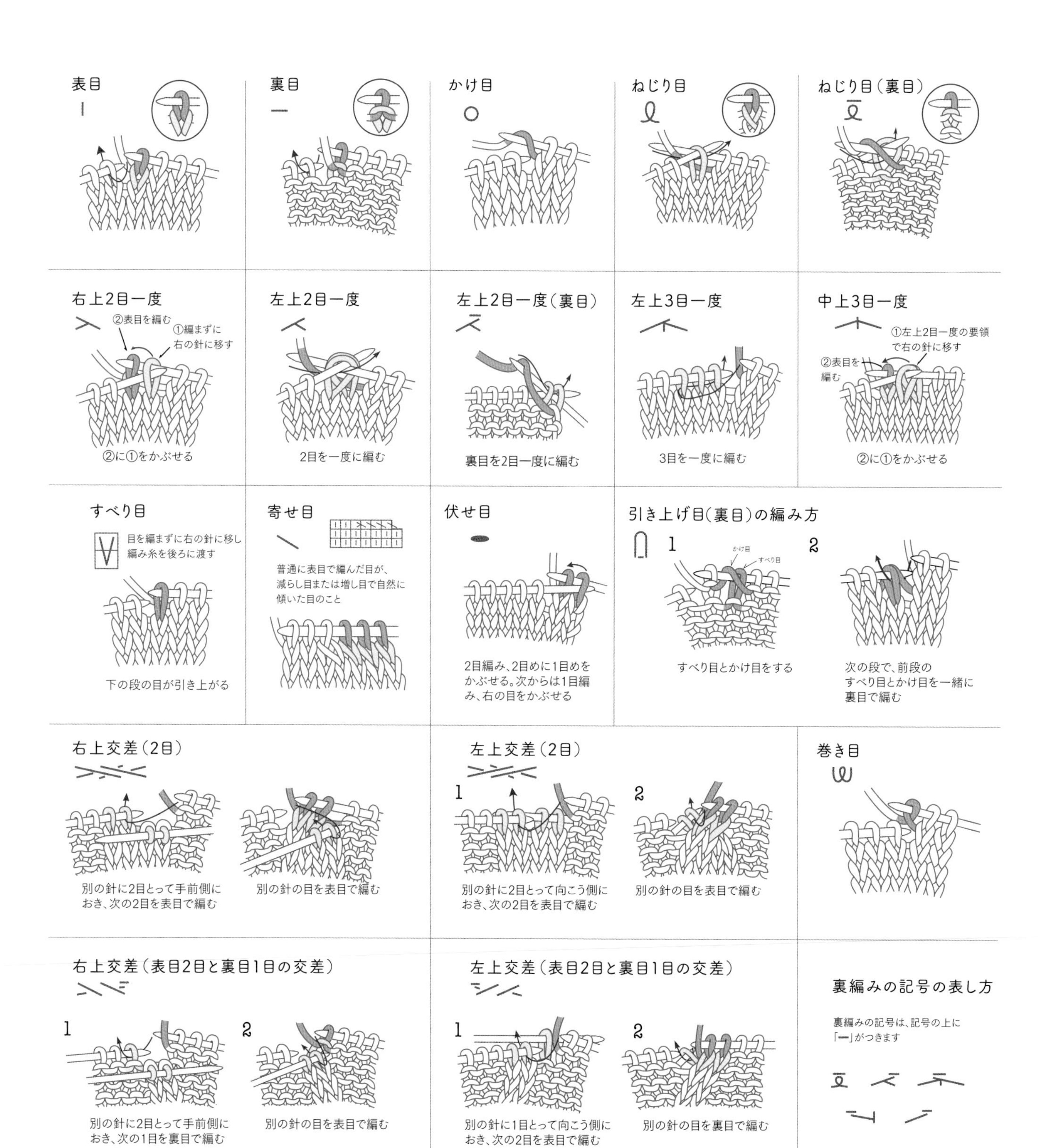

● 作り目・目の止め方

一般的な作り目

1

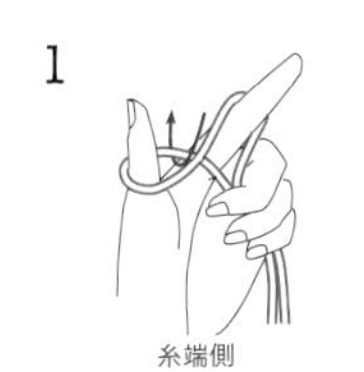

糸端側
（編み地寸法の 3.5 倍＋とじ糸分）

糸を左手の親指と人さし指にかけ、針を矢印のように入れる

2

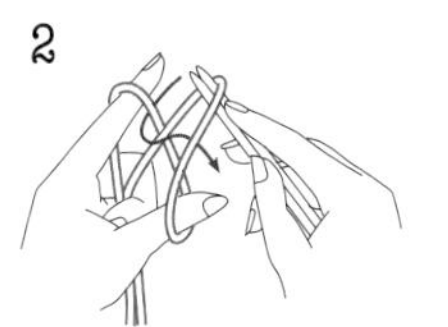

人さし指の糸をかけ、親指側にできている輪にくぐらせる

3

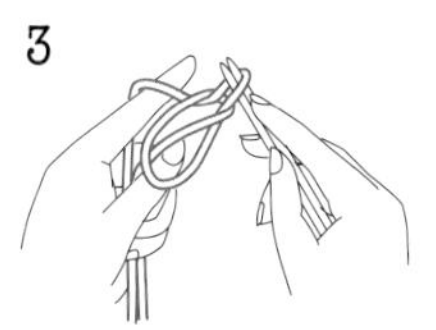

親指にかかっている糸を外す

4

糸端側の糸を親指にかけて引く。これが端の1目となる

5

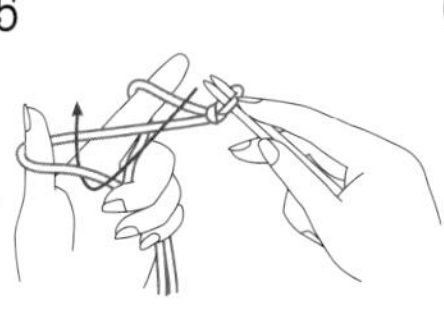

親指にかかった糸を矢印のようにすくいあげる

6

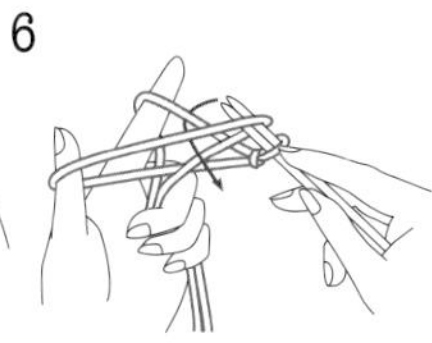

人さし指にかかった糸を針にかけながら、親指の糸の輪にくぐらせる

7

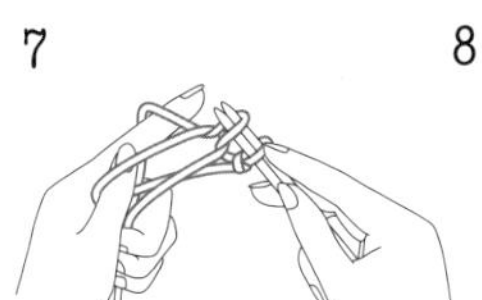

親指の糸をはずす

8

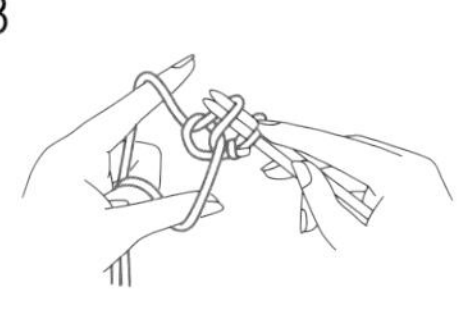

親指に糸をかけて軽く引き締める。これが2目めとなる。
5～8 をくり返して必要目数を作る

9

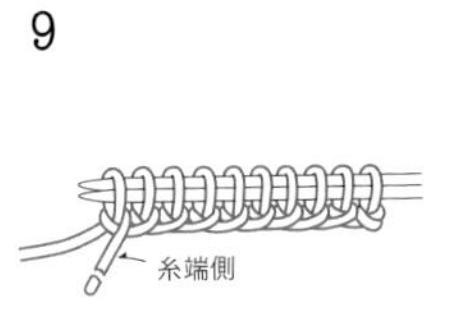

でき上がり。
これを表目1段と数える。針を1本抜き、抜いた針で編み始める

作り目を輪にする方法

1

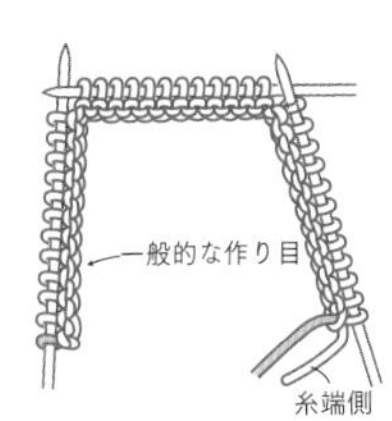

必要目数の作り目をし、3本の針に分ける

2

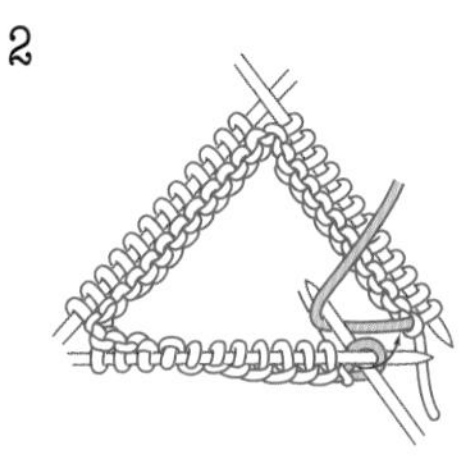

残りの針で最初の目を編み、輪に編んでいく
＊ねじれないように注意する

あとでほどく作り目

1

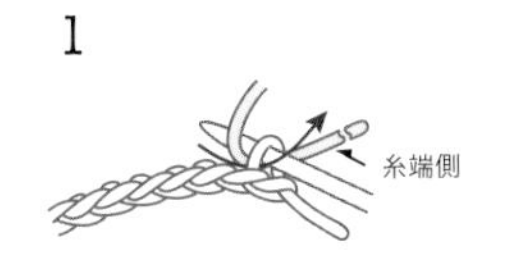

別糸で必要目数のくさり編みをし、裏側の山に針を入れて糸を引き出す

2

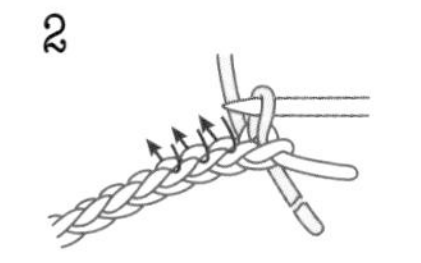

1 をくり返し、必要目数を拾う（1段めになる）

3

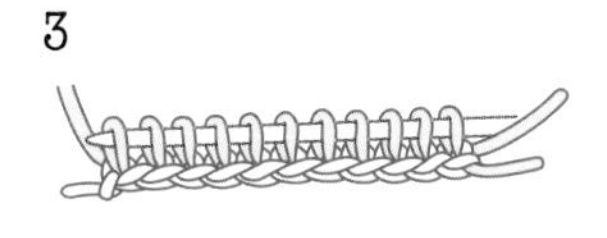

1段めが編めた状態

4

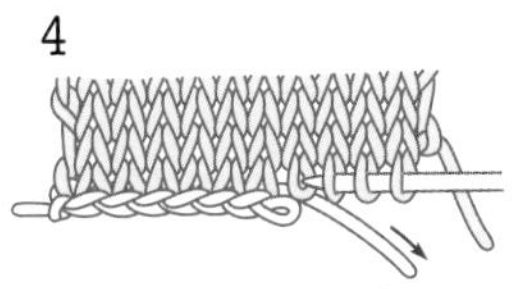

作り目のくさりをほどきながら、目を針にとる

1目ゴム編み止め（往復編みの場合）

編み始めの端が表目 2 目の場合は、P.92「2 目ゴム編み止め（往復編みの場合）」の 1 参照

1

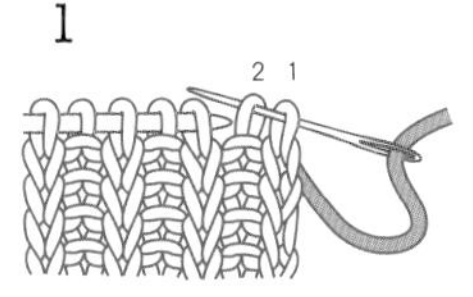

1の目は向こう側から手前に、2の目は手前から向こう側に針を入れて糸を引く

2

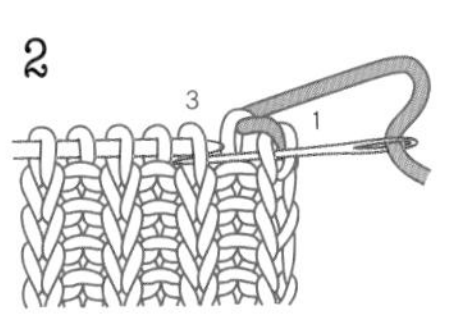

2の目をとばして、1の目と3の目（表目どうし）に図のように針を入れる

3

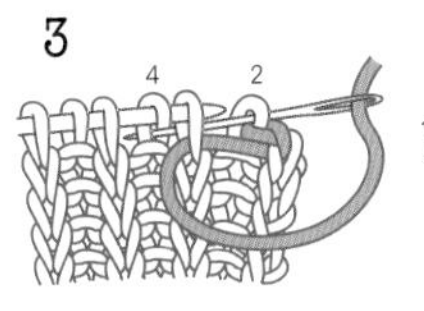

3の目をとばして2の目と4の目（裏目どうし）に針を入れる

4

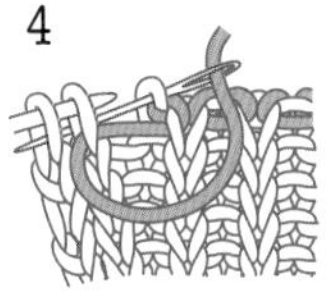

2、3 をくり返し、裏目と最後の目に図のように針を入れる

5

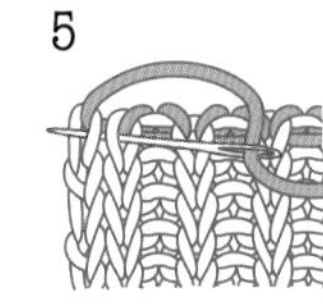

左端の2目に図のように針を入れて糸を引く

編み終わりの端が表目1目の場合

最後の1目に図のように針を入れる

1目ゴム編み止め（輪の場合）

1

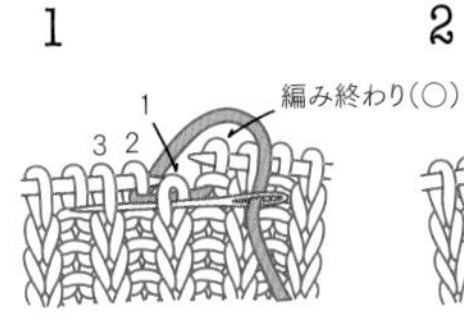

2の目に針を入れ、続けて1と3の目に針を入れる

2

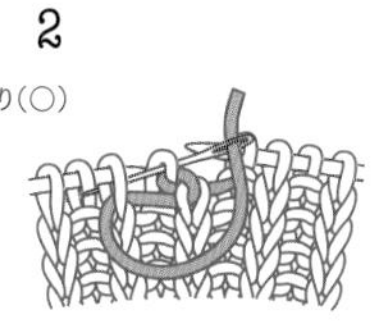

表目をとばして裏目と裏目に針を入れる

3

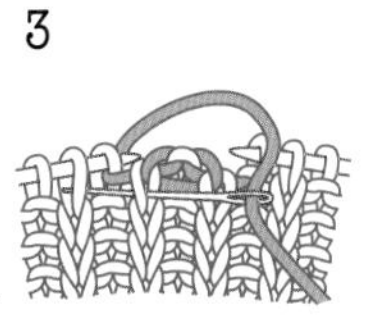

裏目をとばして表目と表目に針を入れる

4

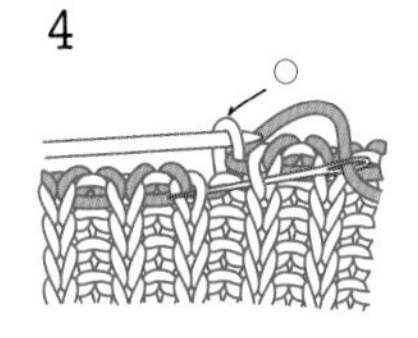

2、3 をくり返し、最後は 1 の目に針を入れる

5

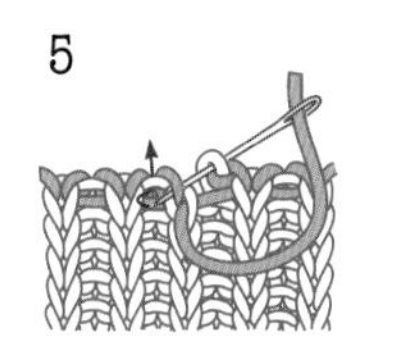

○の目と2の目（裏目）に針を入れ、矢印の方向に抜く

6

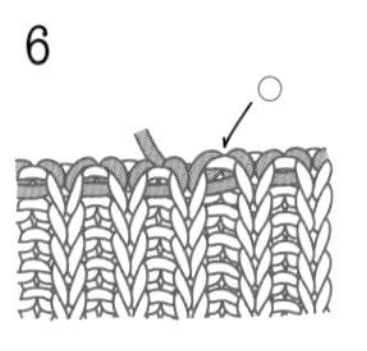

止め終わり

2目ゴム編み止め(往復編みの場合)

1

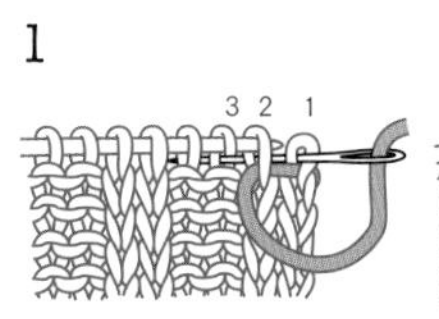

1、2の目の向こう側から針を入れ、1の目の手前側から針を入れ、2をとばして3の手前から向こう側に針を出す

2

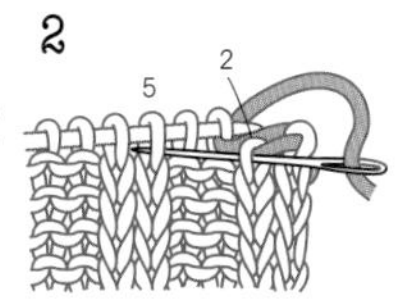

2の目の手前から針を入れ、裏目2目をとばして5の目に針を出す

3

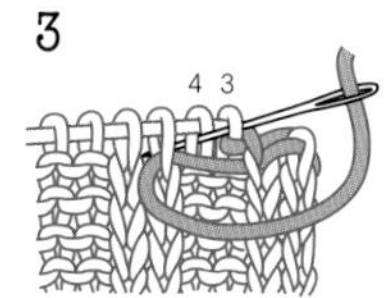

3の目の向こう側のから針を入れ、4の目の手前から向こう側に針を出す

4

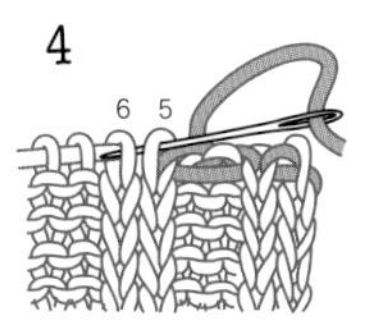

5の目の手前から針を入れ、6の目の向こう側から手前に針を出す

5

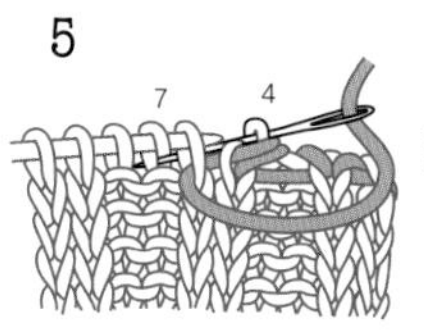

4の目に戻って向こう側から針を入れ、2目をとばして7の目に手前から向こう側に針を出す

6

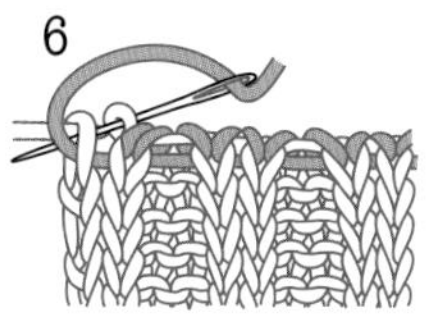

2〜5をくり返し、最後は裏目と表目に針を入れて糸を引く

2目ゴム編み止め(輪編みの場合)

1

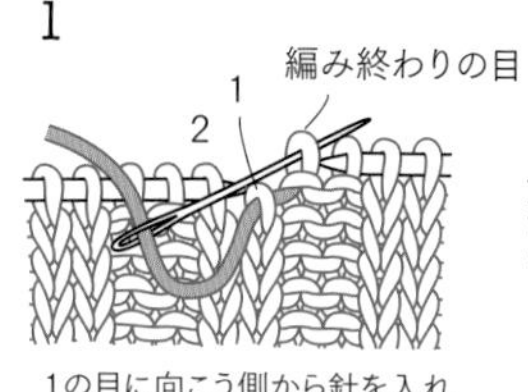

1の目に向こう側から針を入れて抜き、編み終わりの目に手前から針を入れる

2

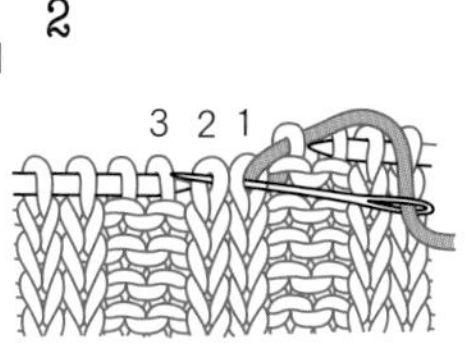

1・2の目に図のように針を入れる

3

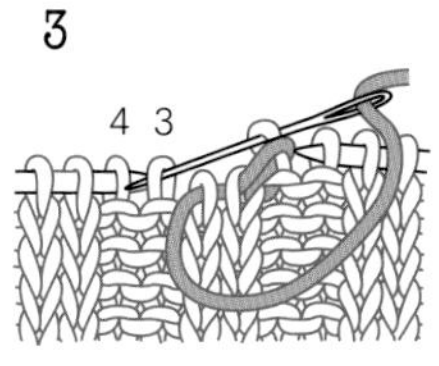

編み終わりの目に針を入れ、1・2をとばして3に針を出す

4

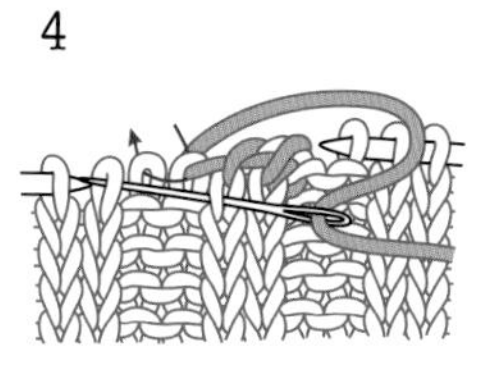

裏目をとばして表目に針を入れて糸を引き、矢印のように裏目に針を入れる

5

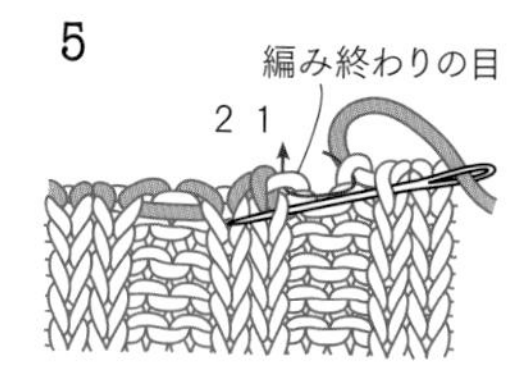

2〜4をくり返し、最初の目に針を入れて糸を引き、裏目と編み終わりの目に矢印のように針を入れて糸を引く

● 減らし方・増し方

端で1目減らす方法

右側

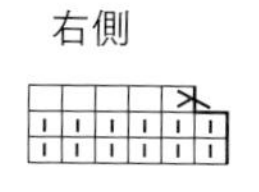

1

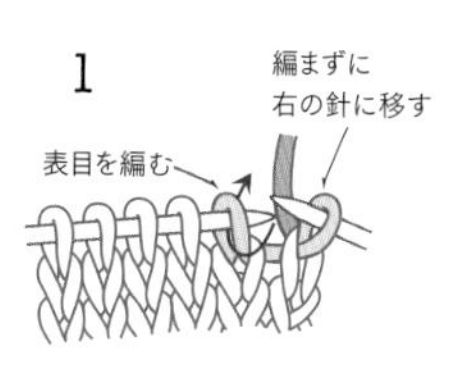

2

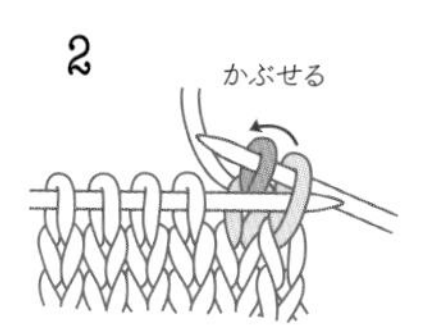

3

裏側で減らす場合

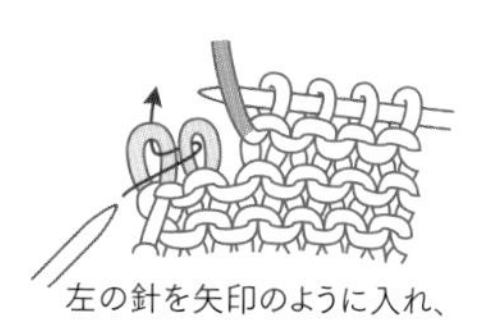

左の針を矢印のように入れ、目を入れかえて編む

左側

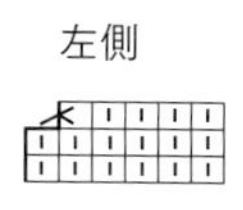

1

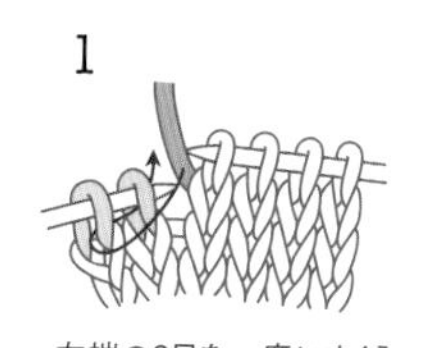

左端の2目を一度にすくう

2

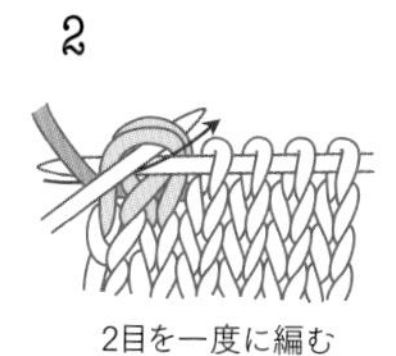

2目を一度に編む

3

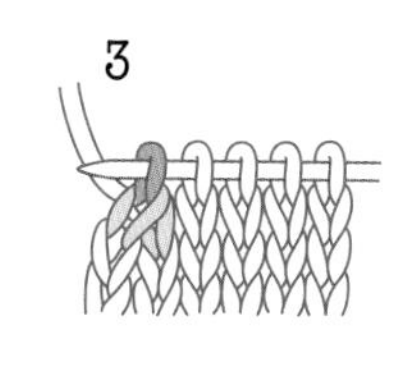

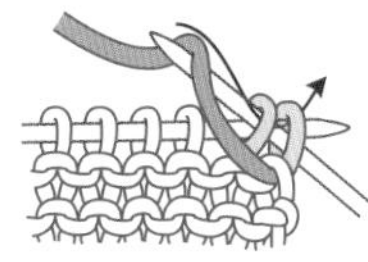

端で2目以上減らす方法

右側

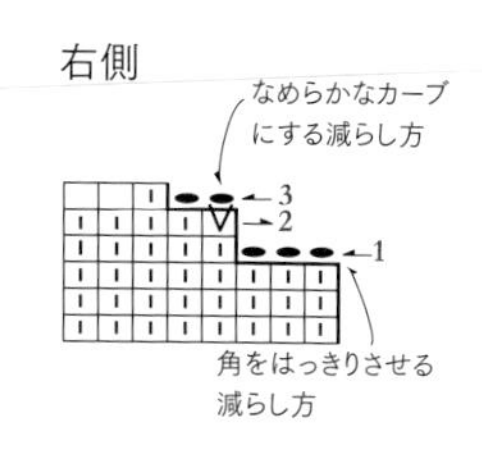

1 1段め

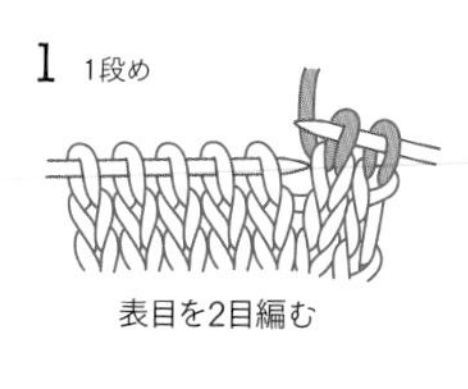

表目を2目編む

2

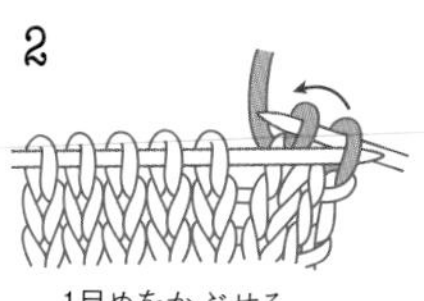

1目めをかぶせる

3

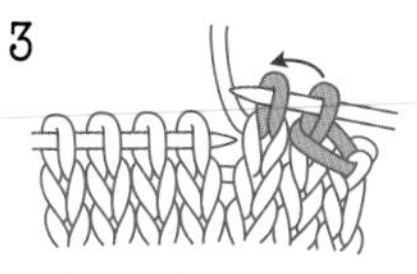

次の目を編み、右の目をかぶせる

4

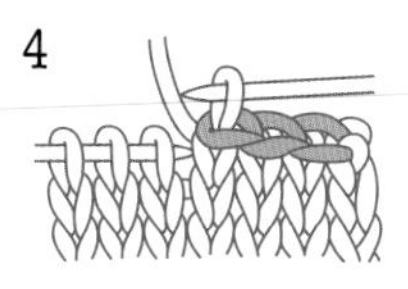

3をくり返す

5 3段め

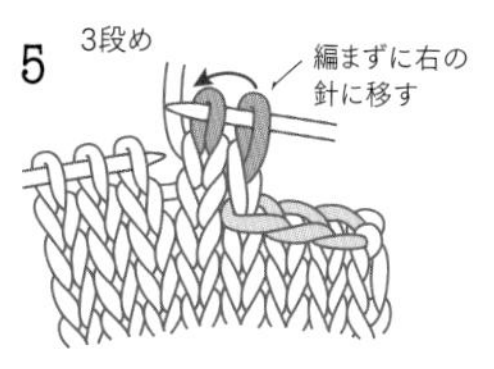

1目めは編まずに右の針に移す。
2目めを編んで右の目をかぶせる

6

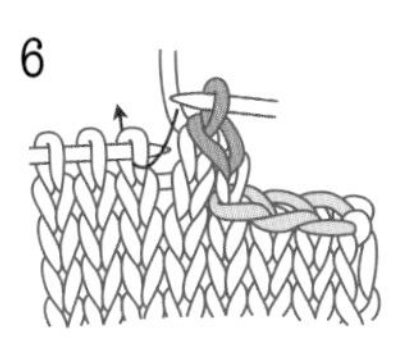

次の目を編む

7

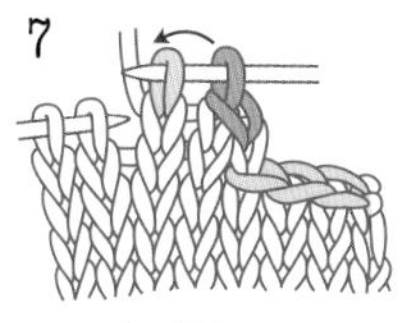

右の目をかぶせる

8

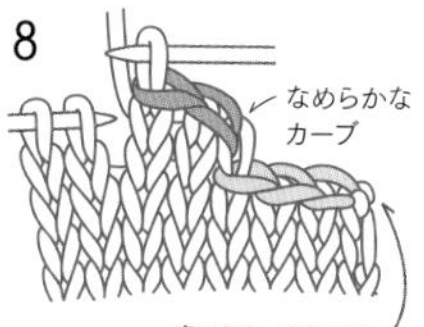

端で2目以上減らす方法

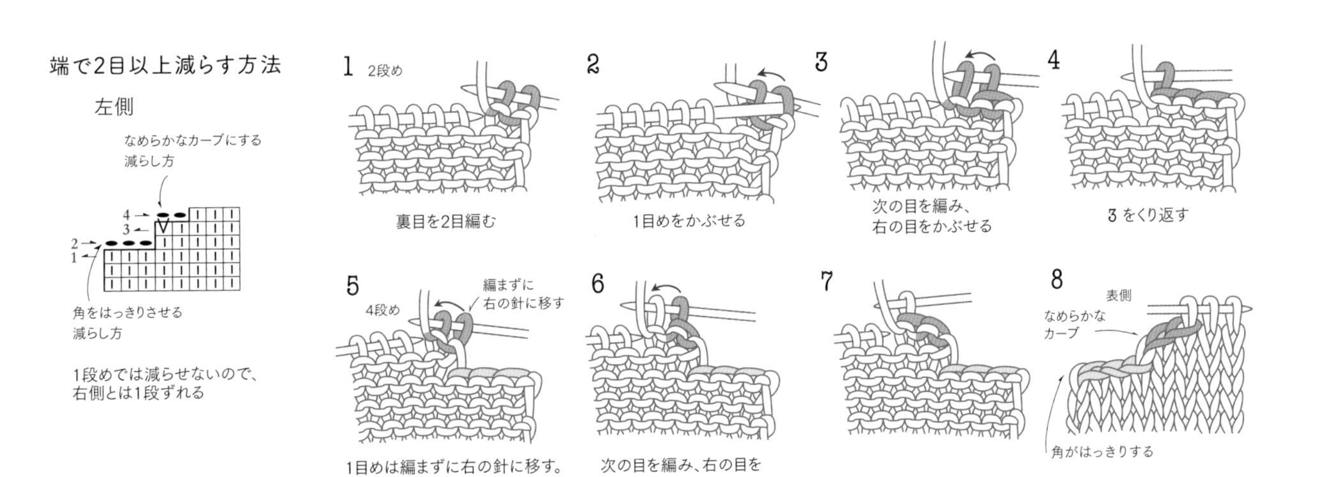

端で1目増す方法

目と目の間の糸をねじって増します。

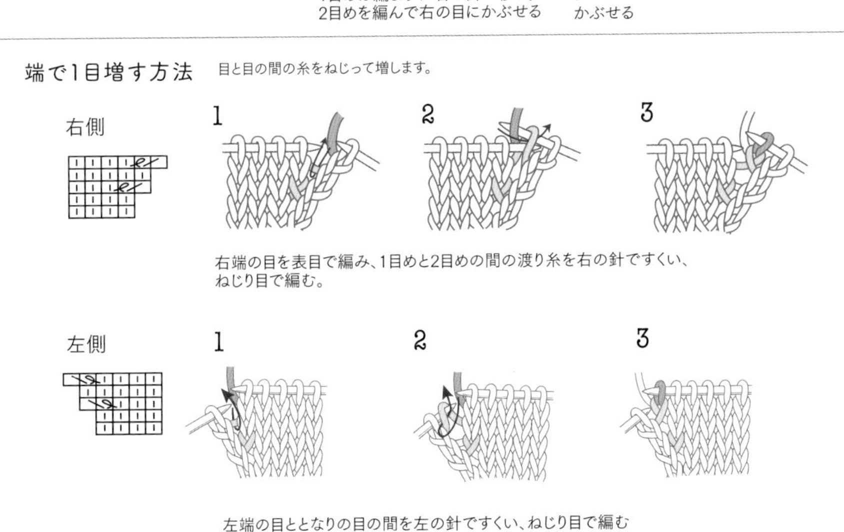

ねじり目（裏目）の編み方

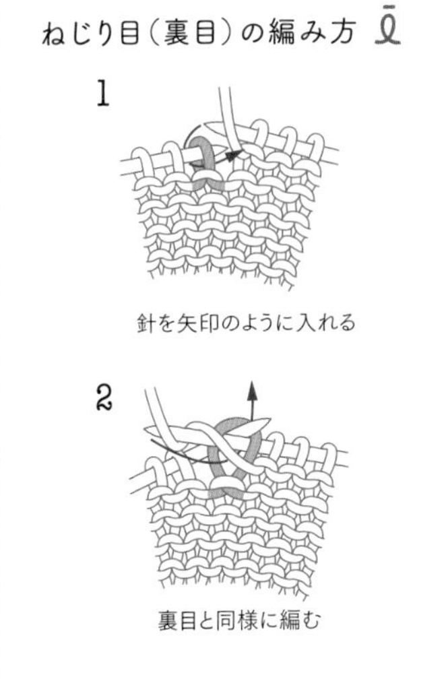

巻き増し目

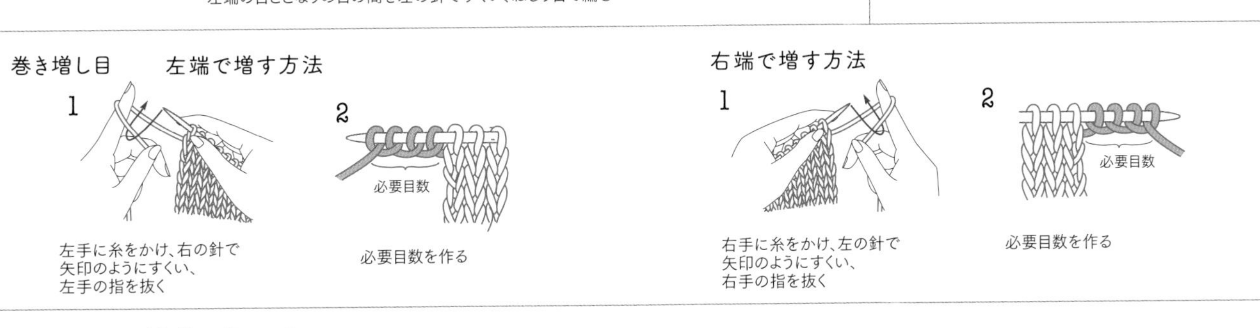

● 編み込み模様の編み方

横に糸を渡す方法

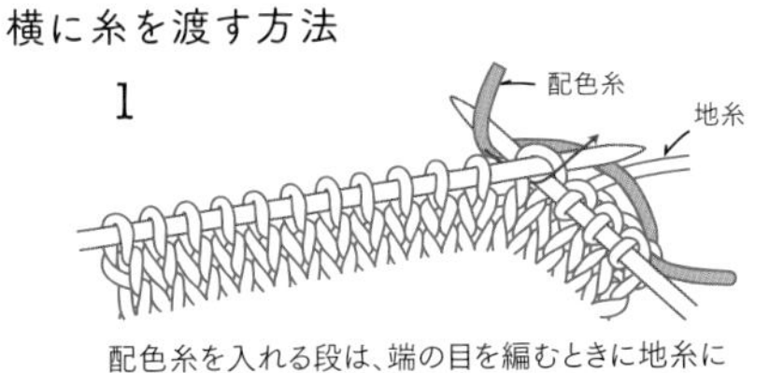

配色糸を入れる段は、端の目を編むときに地糸に配色糸をはさみこんでおくとよい。地糸を下にして配色糸で1目編む

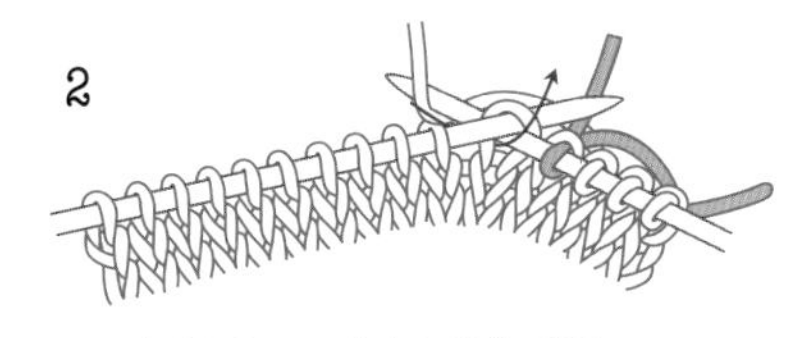

配色糸を上にして休ませ、地糸で編む

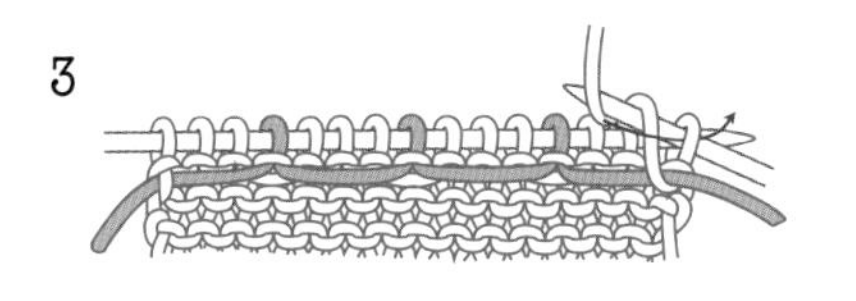

編み地の端まで配色糸を渡す

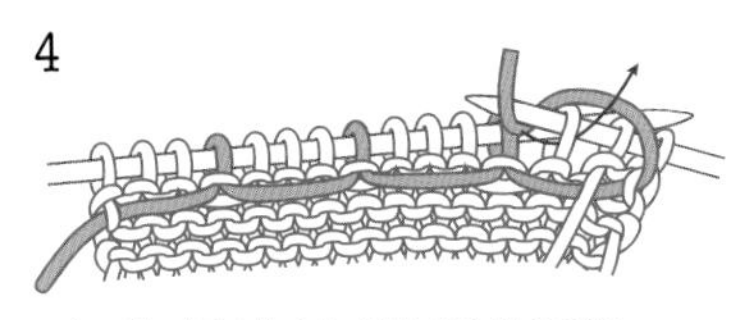

次の段の編み始めは、配色糸を端まで渡し、地糸にはさみ込む

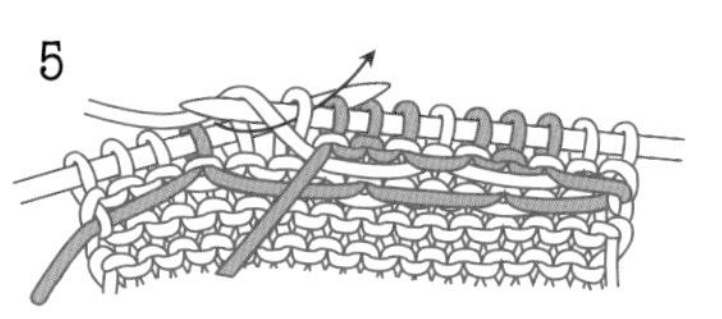

配色糸を上にして休ませ、地糸で編む

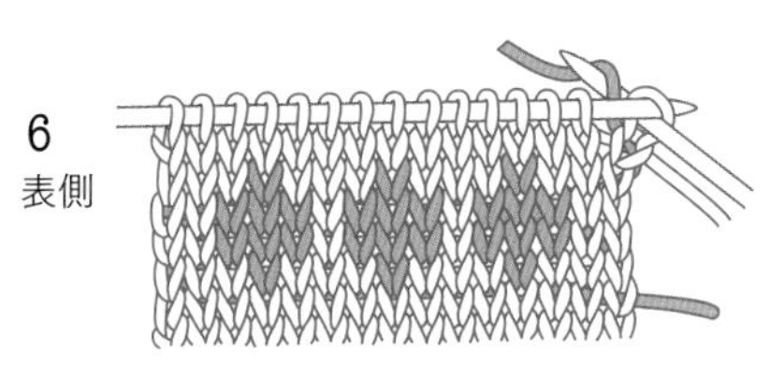

糸をゆるめに渡し、編み地がつれないように注意する

●引き返し編み

2段ごとに編み残す
引き返し編み

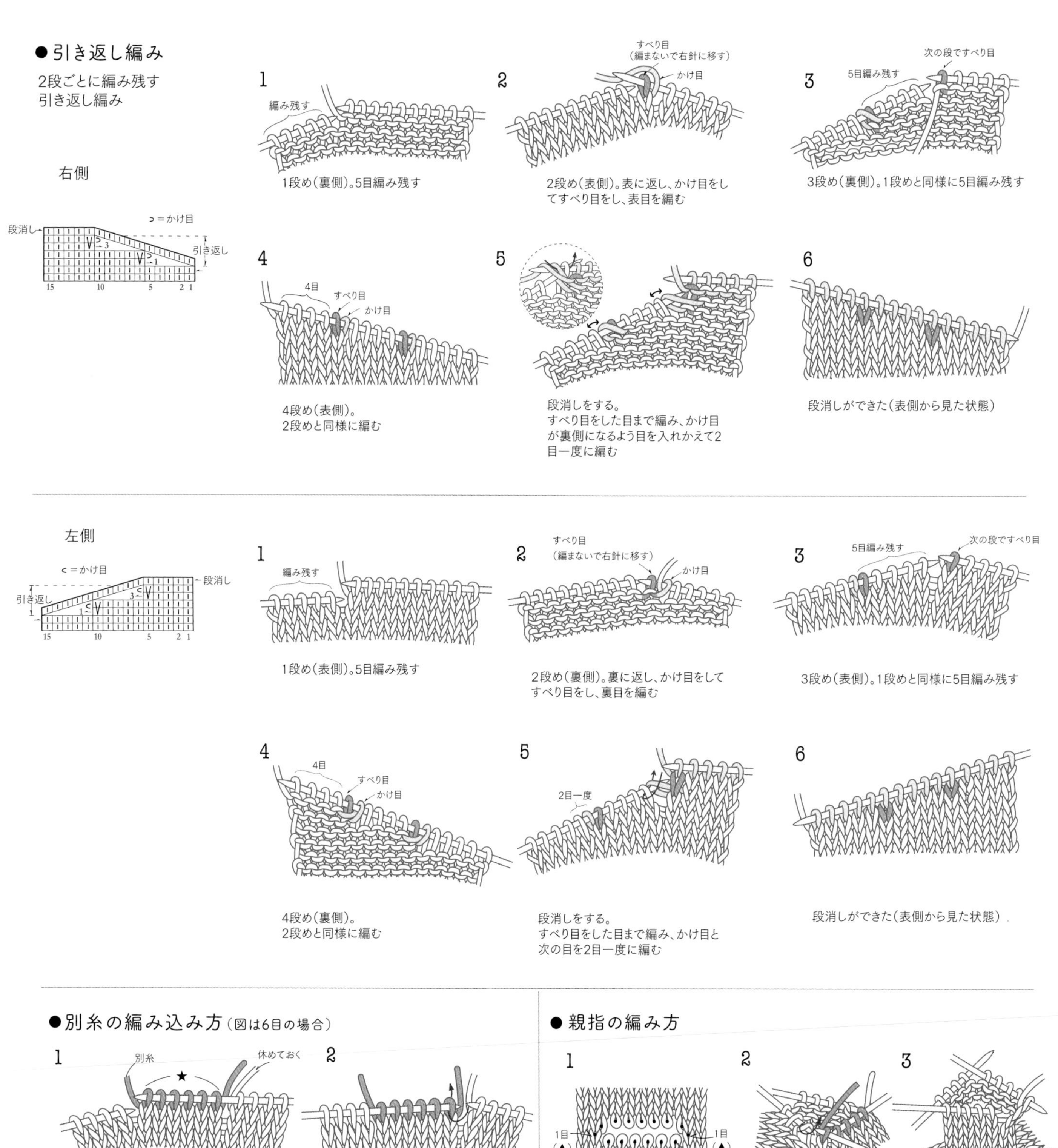

右側

1 1段め（裏側）。5目編み残す

2 2段め（表側）。表に返し、かけ目をしてすべり目をし、表目を編む

3 3段め（裏側）。1段めと同様に5目編み残す

4 4段め（表側）。
2段めと同様に編む

5 段消しをする。
すべり目をした目まで編み、かけ目が裏側になるよう目を入れかえて2目一度に編む

6 段消しができた（表側から見た状態）

左側

1 1段め（表側）。5目編み残す

2 2段め（裏側）。裏に返し、かけ目をしてすべり目をし、裏目を編む

3 3段め（表側）。1段めと同様に5目編み残す

4 4段め（裏側）。
2段めと同様に編む

5 段消しをする。
すべり目をした目まで編み、かけ目と次の目を2目一度に編む

6 段消しができた（表側から見た状態）

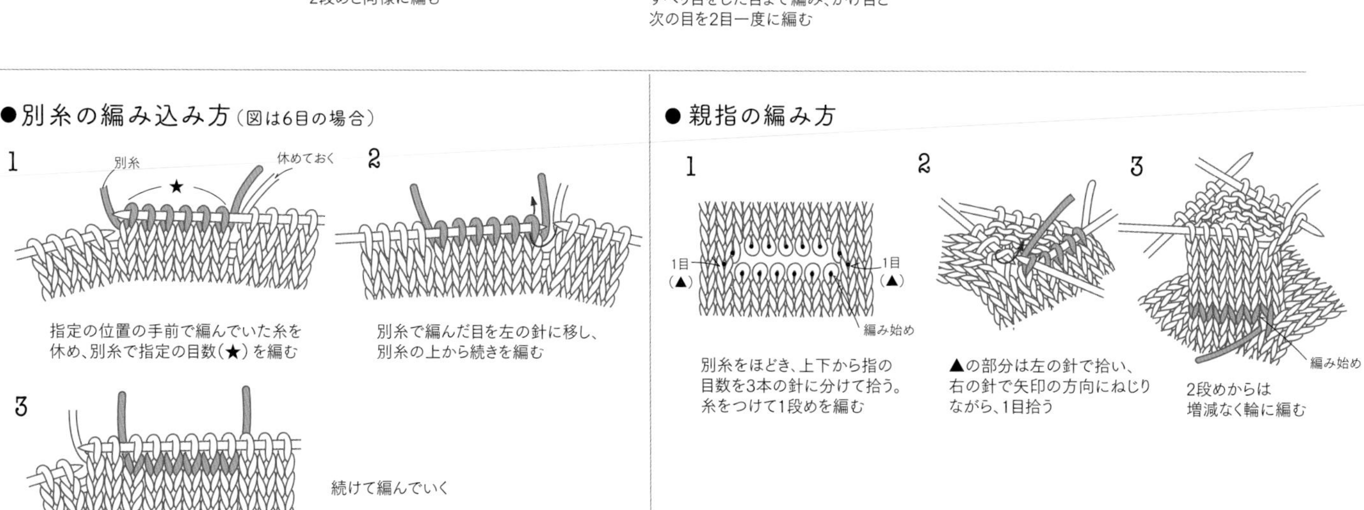

●別糸の編み込み方（図は6目の場合）

1 指定の位置の手前で編んでいた糸を休め、別糸で指定の目数（★）を編む

2 別糸で編んだ目を左の針に移し、別糸の上から続きを編む

3 続けて編んでいく

●親指の編み方

1 別糸をほどき、上下から指の目数を3本の針に分けて拾う。糸をつけて1段めを編む

2 ▲の部分は左の針で拾い、右の針で矢印の方向にねじりながら、1目拾う

3 2段めからは
増減なく輪に編む

●とじ・はぎ

メリヤスはぎ（両側が針にかかっている場合）

1

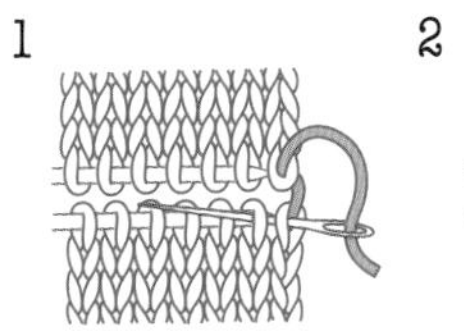

編み地をつき合わせ、
表側から手前側の目に
針を入れる

2

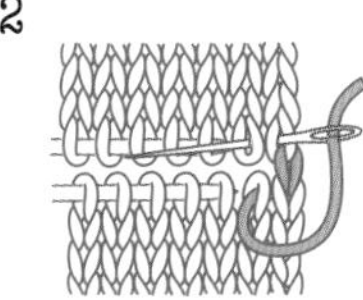

向こう側の目に針を入れ、
目を作りながらはぎ合わせる

メリヤスはぎ（片側が作り目、伏せ目の場合）

1

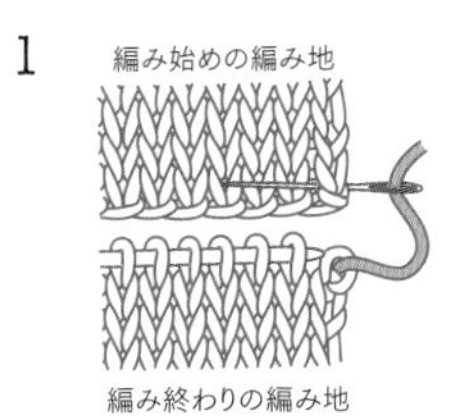

2

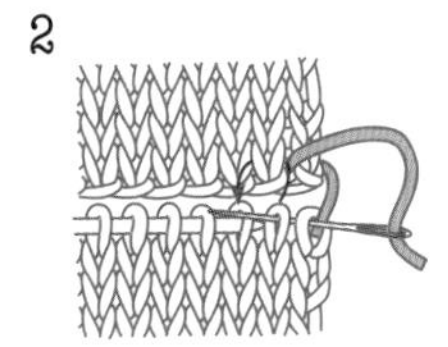

3

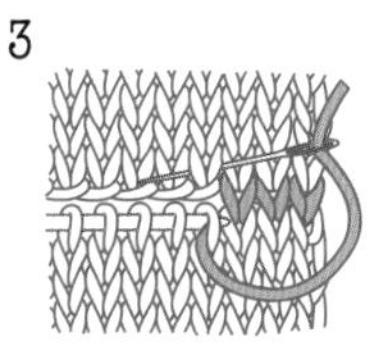

かぶせ引き抜きはぎ

編み地を中表に合わせ、かぎ針で向こう側の目を引き抜いてから引き抜き編みではぎます。

1

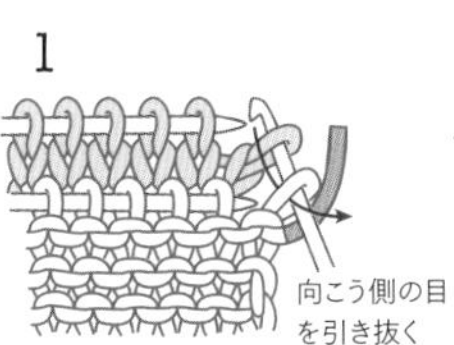

2

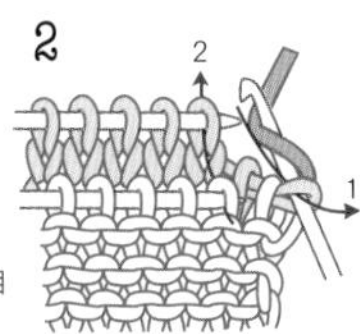

3

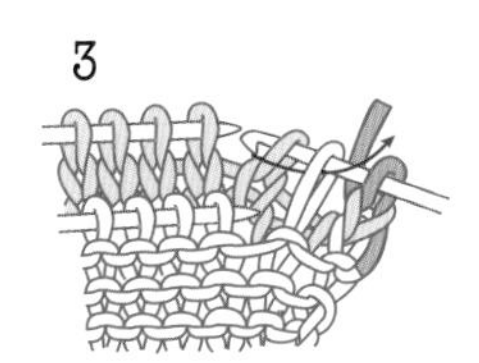

4

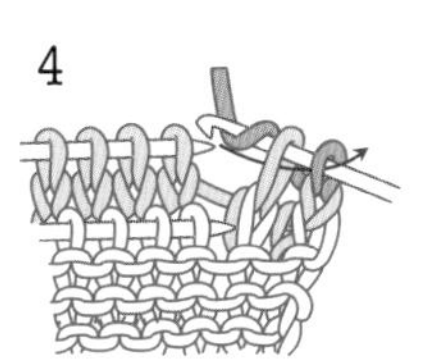

5

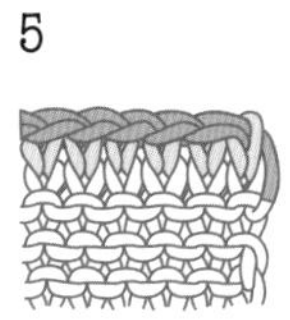

引き抜きはぎ

編み地を中表に合わせ、かぎ針を使って引き抜き編みではぎ合わせます。編み地がつれないように、少しゆるめに引き抜くとよいでしょう。

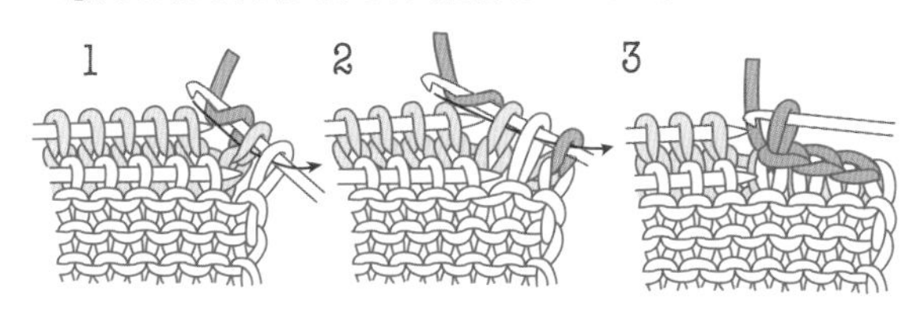

目と段のはぎ

普通ははぎ合わせる段数が目数より多いので、その差を等間隔に振り分けます。ところどころで1目に対して2段すくいながら、平均的にはぎ合わせます。

1

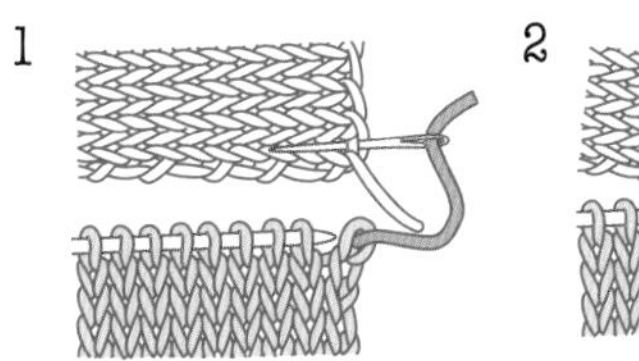

2

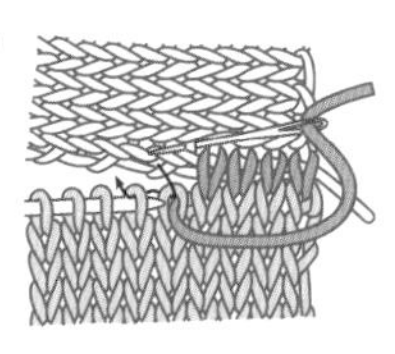

巻きかがりはぎ（全目）

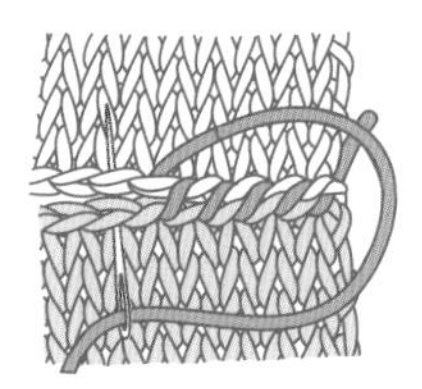

編み地を外表に合わせ、
全目をすくって引き締める

引き抜きとじ

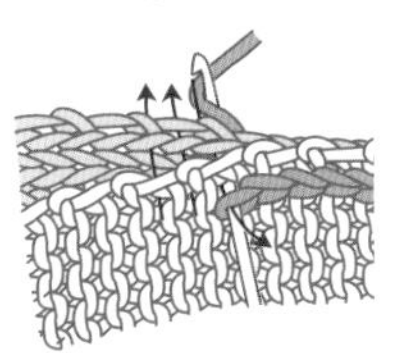

編み地を中表に合わせ、端から
1目めと2目めの間に針を入れ、
糸をかけてから引き抜く

すくいとじ

残りの糸で、すそやそで口からとじ合わせます。

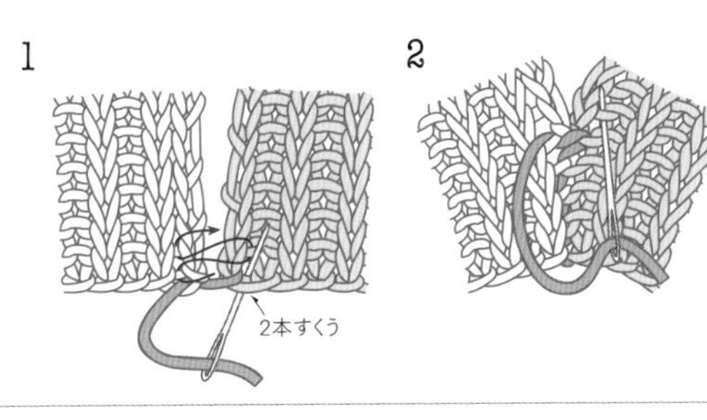

ラグランスリーブのつけ方

1

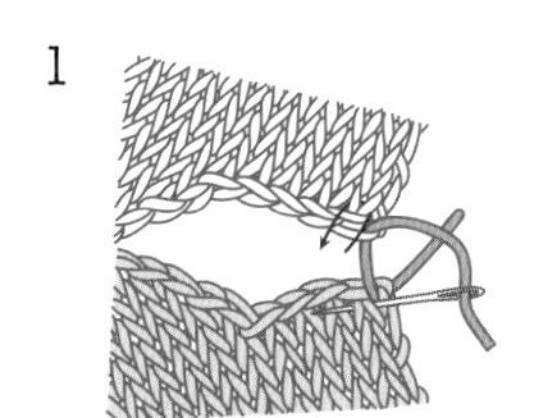

表側にして編み地をつき合わせ、
端の目の裏側から表側に針を出す。
続けてメリヤスはぎをする

2

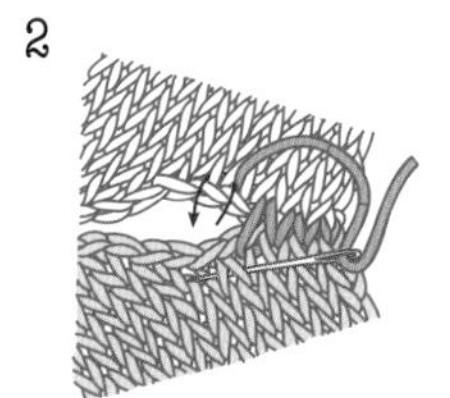

身ごろとそで下の伏せ止め
した目をはぐ

3

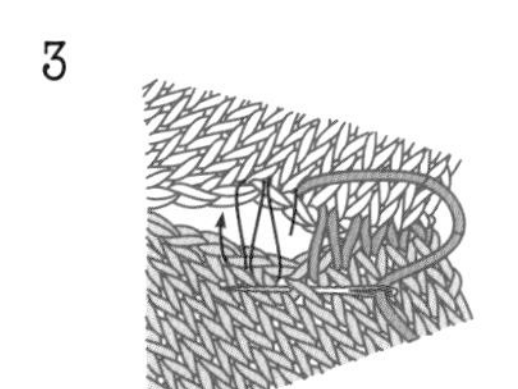

次の段に移るときは図のように
針を入れる

4

2段ごとの減らし目は図のように
針を入れる

作品デザイン
宇野千尋
岡本真希子
風工房
鎌田恵美子
河合真弓
サイチカ
兵頭良之子

staff
ブックデザイン：後藤美奈子
撮影：滝沢育絵（カバー、口絵）
中辻 渉（P.37、65）
スタイリング：西森 萌
ヘア＆メイク：高野智子
モデル：小谷実由　平井智正
トレース：大楽里美　白くま工房
編集協力：金井扶佐子　善方信子　渡辺道子
編集：永谷千絵（リトルバード）
編集デスク：朝日新聞出版 生活・文化編集部（森 香織）

素材提供
ハマナカ株式会社
〒616-8585 京都市右京区花園薮ノ下町２番地の３
FAX.075-463-5159
http://www.hamanaka.jp
http://www.richmore.jp
info@hamanaka.co.jp
印刷物のため、作品の色は実物とは多少異なる場合があります。

撮影協力
AWABEES TEL. 03-5786-1600
TITLES TEL. 03-6434-0616

S,M,L,LLサイズで編める
男女兼用のデザインニット

編　著　朝日新聞出版
発行人　橋田真琴
発行所　朝日新聞出版
〒104-8011 東京都中央区築地5-3-2
TEL.（03）5541-8996（編集）（03）5540-7793（販売）
印刷所　図書印刷株式会社

ISBN 978-4-02-334043-5

定価はカバーに表示してあります。
落丁・乱丁の場合は弊社業務部（電話03-5540-7800）へご連絡ください。
送料弊社負担にてお取り替えいたします。